어디에도 없는
부동산 임장 이야기

이 책의 출판권은 (주)두드림미디어에 있습니다.
저작권법에 의해 보호받는 저작물이므로 무단 전재와 복제를 금합니다.

어디에도 없는
부동산 임장 이야기

김지훈(타이거), 문순호 지음

걸어서 지구 한 바퀴

| 혼돈의 부동산 시장, 성공 투자의 단서는 임장에 있다! | 수백 번 임장한 타이거가 알려주는 실패 없는 부동산 투자법 | 위기를 기회로 바꾼 단단한 발걸음의 기록 |

두드림미디어

프롤로그

 투자는 스스로 결정해야 하는 것으로 투자가 불안하지 않으려면 나만의 기준이 있어야 한다.

 부동산이라는 투자 대상은 언제 어떻게 바뀔지 모르는 존재다. 즉, 이랬다 저랬다 하는 사람의 마음처럼 종잡을 수 없는 것이 부동산 시장이다. 끊임없이 변화하다 보니 부동산 투자가 어렵고 돈을 버는 사람이 적은 것이다. 그러므로 부동산 투자로 돈을 벌고 싶다면 나만의 기준을 가지고 스스로 판단할 수 있어야 한다.

 한 가지 예를 살펴보자면, 2008년 경제 위기 이후 전국의 부동산은 바닥을 찍고 천천히 상승을 하더니 2012년, 2013년 이후로 하락과 상승을 반복하면서 상승장을 이어나갔다. 특히 코로나19 당시 유동성이 확대되어 부동산 폭등이 이어졌고 이로 인해 개인 간 자산의 격차가 상당히 많이 벌어졌다.
 그러나 코로나19 시기 이후 언제 그랬냐는 듯이 영원히 오를 것만 같았던 전국의 부동산은 침체기에 접어들었다. 또한 여러 정책들에 의해서도 우왕좌왕 뒤바꼈다.

　이처럼 상황에 따라 변화하는 부동산 시장에서 나의 자산을 지키고 더 많은 투자 수익을 올리려면 결국 나만의 뚜렷한 투자 기준으로 흔들리지 않는 투자를 해야 한다. 그래야 이런 변수들에 의해 나의 돈을 잃지 않고 지켜나갈 수 있을 것이다.

　호황기에는 모두가 부동산에 관심을 갖지만, 불황기에는 아무도 관심을 갖지 않는다. 하지만 남들과 다르게 우리나라에서 가장 불황이었던 1997년 IMF 외환 위기와 2008년 서브프라임 때 부동산 투자를 한 사람들은 큰 부자가 되었다. 모두 자신만의 기준을 가지고 투자한 분들이다.

　많은 이들이 늘 질문을 한다. 언제 집을 사야 하냐고 말이다. 자신있게 말할 수 있다. 자신이 감당 가능할 때 사는 것이라고! 사람은 어느 지역에 살든 집은 꼭 있어야 한다. 더욱이 일반인을 기준으로 개인이 가진 자산 중에서 가장 큰 자산이 집이므로 어디에, 어떤 집을 소유하는가에 따라서 개인의 자산 크기가 크게 달라지는 것이다.

　어느 지역에 집을 사야 하는지는 내가 아는 지역의 범위에 따라 달라진다. 내가 아는 지역이 부산이 전부라면 부산을 벗어나서 집을 사는 것이 어렵다. 뉴스에서 나오는 기사를 보고 부동산은 사기다, 서울에 투기꾼이 몰려들어서 부동산 가격이 뛴다고 한탄해봐야 서울 지역을 잘 아는 사람들은 그 지역에 투자해서 많은 돈을 벌 것이고 격차는 더욱 벌어지기만 할 것이다.

이처럼 아는 지역이 많아서 지역 간의 비교를 할 수 있다면 훨씬 효율적이고 합리적인 부동산 투자를 할 수 있다. 내가 사는 지역이 전부라고 생각해서 다른 지역을 외면하고 내가 처한 상황이 투자를 하기 어렵다고 부동산을 멀리하면 결국 내가 맞이하게 될 노후는 크게 나아지지 않을 수 있다.

《강남에 집 사고 싶어요》라는 책에 이런 말이 나온다.
"다행히도 인생은 한 번 뿐이지만, 집을 사고파는 기회는 여러 번 주어집니다. 비록 오늘 실패했을지라도 비싼 교육비를 내고 공부한 만큼, 내일을 웃으며 맞이할 수 있을 것이라고 확신합니다."
실제로 강남 입성에 성공한 오스텔로이드 님의 글이다. 돈을 번다는 것은 남이 해주는 것이 아니라는 것과 실패를 해도 여러 번의 기회가 주어진다는 것을 말하고 있다. 이처럼 부동산 투자는 한 방에 부자를 만들어주는 것이 아니라 수많은 경험과 시행착오를 거쳐서 자산을 불려가는 과정임을 기억하자.

필자도 이렇게 수많은 경험을 하면서 '왜 지역별로 부동산 가격이 다르지? 도대체 부동산으로 돈을 벌려면 무엇을 알아야 하지?'라고 스스로 질문하며 부동산 투자와 임장을 시작했다. 지난 5년간 전국 모든 지역을 돌면서 구석구석을 모두 다 직접 임장했다. 더불어 여러 차례 성공과 실패를 경험했고 어떻게 해야 부동산 투자에 실패하지 않는지 알게 되었다. 그 결과 지역별로 생기는 부동산 가격차이와 부동산 투자의 본질이 무엇인지 스스로 깨달은 것이다.

    이 책을 통해 필자의 경험과 투자의 노하우를 전달하고자 한다. 여러 차례 성공과 실패를 경험했고 어떻게 해야 부동산 투자에 실패하지 않는지 알게 되었다. 이번 책을 통해 필자의 경험과 투자의 노하우를 전달하고자 한다. 화려한 성공담이나 적은 돈으로 엄청난 수익을 올린다는 극적인 이야기는 없지만, 적어도 어떻게 해야 진짜로 실패 없는 부동산 투자를 통해 내 돈을 잃지 않고 불려나갈 수 있는지에 대해 담으려고 노력했다. 특히, 임장하며 직접 경험하고 배운 모든 노하우를 전달해 지난날의 필자처럼 좌절하고 힘들어 하지 않을 수 있게 했다. 세상이 불공평하다는 생각에 눈물 흘렸을 수백만 명의 직장인들에게 도움이 되길 바란다.

    지금도 부동산 투자를 해야 할지 말아야 할지를 고민하는 수많은 분들에게 할 수 있다는 자신감을 드리고 싶다. 한때의 필자처럼 부동산 임장한다고 미련하게 전국을 걸어다니며, 수많은 시간과 돈을 쓰지 않는 기회로 삼으시면 좋겠다.

김지훈(타이거)

부를 이룬 사람들은 인생이 유한하다는 사실을 잘 알고 있으며, 진짜 기회는 생각보다 자주 오지 않는다는 것도 체감하고 있다. 그래서 기회가 왔을 때 망설이지 않고, 그 기회를 잡기 위해 끊임없이 문을 두드린다.

물과 같은 삶을 사는 사람도 많다. 고여 있는 물은 점점 탁해지지만, 흐르는 물은 맑아진다. 성공하는 사람들은 스스로를 흐르게 만든다. 실패가 두려워 멈춰 서 있지 않고, 계속해서 도전하며 세상과 부딪친다. 그렇게 흘러가는 과정 속에서 방향을 찾고, 때로는 뜻밖의 샛강을 만나 풍요로운 길을 발견하기도 한다.

시도와 경험이 많아질수록 부를 담을 수 있는 '그릇'도 더 커진다. 처음에는 작은 컵이었을지 몰라도, 도전할수록 그 크기는 점차 커진다.

머무르지 말고 물처럼 흐르자. 시도하는 만큼 길이 보이고, 움직이는 만큼 기회는 가까워진다. 필자는 더 많은 분들이 삶 속에서 이런 흐름을 만들어가길 바란다.

CONTENTS

프롤로그   5

PART 1
부동산 투자에서 임장이 왜 중요한가?   13

태어나서 자란 지역의 한계   18
사는 곳이 자산의 크기가 된다   24
안 가보면 모른다   28
부동산은 큰돈을 넣는 것이다   50

PART 2
어떻게 임장하는가?   61

임장 지도를 짜보자   66
   1. 호갱노노를 열자 72 ｜ 2. 카카오맵을 열자 75 ｜ 3. 가격의 방향대로 움직이면 된다 77 ｜ 4. 백화점과 학원가를 보자 79
임장하기가 막막하다면 내가 사는 곳부터   84
좋은 곳에서 나쁜 곳으로   93
사는 지역에서 가장 좋은 곳부터 가자   96

PART 3
실전 임장   105

도보로, 차로, 대중교통으로 임장하는 방법   110
1. 도보로 임장하는 방법 110 | 2. 차로 임장하는 방법 126 | 3. 대중교통을 이용해서 임장하는 방법 134

임장에서 꼭 봐야 하는 것   138
1. 그 동네의 제일 큰 스타벅스에 가봐라 139 | 2. 학원가를 꼭 가봐라 143 | 3. 맛집을 가보자 148 | 4. 상가의 구성을 보자 153

임장을 효율적으로 하는 법   157
1. 규칙적인 임장 시간을 습관으로 만들어야 한다 157 | 2. 다양한 부동산 유튜브 채널 보기 163 | 3. 임장할 때 가격 보지 않기 166 | 4. 시작점과 마무리 지점을 잘 잡아야 한다 168 | 5. 교통량을 확인해라 170

지역마다 임장하는 방법이 다르다   175
임장을 하고 난 다음의 복기 과정   181
임장이 벽으로 느껴질 때마다   193
부동산 중개사무소 방문은 이렇게 하라   198

PART 4
임장으로 얻을 수 있는 것   203

결국 돈을 벌기 위한 것   207
아는 만큼 보인다   213
지역 간의 비교하는 방법   218
부동산 투자에 있어서 효율적인 독서법   226
누구나 할 수 있지만 아무나 할 수 없다   231

부록 서울 임장 리포트   234

에필로그   246

PART 1

부동산 투자에서 임장이 왜 중요한가?

부동산 투자에서 임장이 중요한 이유는 직접 가보지 않으면 그 지역이 어떤 곳인지 파악하기 어렵기 때문이다. 보통 사람이 일생을 살아가는 데 있어서 가장 큰돈을 쓰는 것이 부동산 매매다. 직접 보고 가치를 알아야 그 큰돈을 올바르게 쓸 수 있기에 부동산 매매에 있어 임장은 꼭 필요한 요소다.

하지만 놀랍게도 이런 선택을 할 때 직접 가서 주변을 돌아보고 지하철역이나 편의시설까지의 거리를 일일이 따지면서 집을 고르는 사람은 많지 않다. 누가 어디가 좋다더라는 이야기만 듣고 덜컥 살 집을 고르는 경우도 있고, 어디라도 새로운 아파트가 들어선다고 하면 앞뒤 따져 보지 않고 넣은 분양에 당첨이 되어 새로운 지역에 살기도 한다. 살던 곳이 아파트로 바뀌어서 수십 년 동안 태어난 동네에서 사는 사람도 많다.

이렇게 살 집을 고르는 방식이 다양하지만 돈이 되는 집을 고르기 위한 노력을 하는 사람이 그렇게 많지 않다. 어떻게 보면 내가 태어난 곳의 운에 따라서 개인의 부가 결정되는 것인지도 모르겠다.

　직장, 대입, 결혼 등의 이유가 아니라면 태어난 지역에서 계속 살다가 죽음을 맞이하는 경우가 많다. 1970년대에 부산에서 태어난 사람은 계속 부산에서, 동시대에 서울에서 태어난 사람은 서울에서 직장을 가지고 집을 마련할 것이다. 이 둘의 차이는 태어난 지역이 다르다는 것이고, 공통점은 한 곳에서 일생을 살았다는 것인데 오랜 시간이 지나면 이 둘의 벌어질 자산의 격차는 말 안 해도 다들 알 것이다.

　하지만 아는 걸로만 그치지 말자! 이를 바꿀 스스로의 노력을 해야 한다. 처음 내 집을 마련하는 순간부터 부동산을 올바르게 보는 법을 배워야 한다. 올바르게 보기 위해서는 그 지역의 환경을 봐야 한다. 집의 가치를 볼 때 신축이냐 구축이냐도 중요하지만 결국 집의 가격을 결정하는 것은 그 집 주변의 환경과 사람이 얼마나 많은가를 더 중요하게 봐야 한다.

　부동산에 대한 데이터가 정말 많지만 실제 현실의 내용은 인터넷에 나오지 않는다. 이런 현실의 이야기를 알아야 올바르고 좋은 투자를 할 수 있다. 태어나서 어쩌면 처음으로 인생을 바꿔볼 수 있는 계기가 내집 마련인데 이런 것을 올바르게 하는 기준이 없다보니 회사, 지인, 가족의 말을 듣고 집을 고르게 되는 것이다.

　적어도 이 책을 읽을 분들이라면 이와 같은 선택을 하지 않게 하려는 것이 나의 궁극적인 목적이다. 내가 집을 마련해야 한다면 어떤 기준으로 집을 골라야하는지 스스로 판단하고 결정해서 그 기준에 들어오는 집을 찾는 노력을 할 수 있게 안내할 것이다. 그런 결정을 찾아가는 것이 임장이고 이런 과정들이 모여 남들과는 다른 자산을 형성하는 첫걸음이 될 수 있다.

처음에 집을 잘못 골라 매수하면 10년 이상은 돌아가야 앞서 나간 사람을 겨우 따라잡을 수 있다. 10년이면 물가와 집값 등의 모든 통화에서 인플레이션이 일어나고도 남을 시간이기에 어쩌면 평생 따라잡기 어려워질 수도 있다.

전월세로 살든 매매를 하든 모든 사람은 살아갈 집을 마련한다. 더욱이 내가 평생 번 돈을 넣어서 주택을 마련해야 한다면, 첫째도 실패하면 안 되고 둘째도 실패하면 안 된다. 그런 실패를 하지 않기 위해서 인구, 학군, 직장, 주변 환경을 알아보는 것이 임장이다. 이렇게 임장하며 지역을 보다 보면 내가 이곳에 집을 사야 할지 말아야 할지 판단이 서게 된다. 당장은 형편이 안 되어 전월세를 살더라도 임장을 멈춰서는 안 된다.

앞으로 임장으로 알게 될 것들과 이런 요소들이 우리의 삶에 어떤 부분으로 다가올지 차근차근 이야기해보겠다. 흔히들 말하는 ○○을 해야 한다. ○○을 못해서 투자를 못한다는 것이 아니라 진짜 내가 살아가야 할 집 하나만이라도 잘 고를 수 있는 현실적이고 도움이 되는 임장이 이 책의 주제다.

자, 그럼 내가 살아갈 집을 고르고 더 나아가 투자까지 이어지는 임장을 어떻게 하는지 나의 이야기를 시작해보겠다.

성공의 결실은 달콤하지 않다. 오히려 그 과정은 극도로 쓰라리고, 진정한 성공은 화려함이 아니라 값비싼 대가를 치르고 버틴 사람에게만 돌아오는 성취다. 부동산 투자도 마찬가지다. 수많은 고민과 불안, 반복되는 실패의 두려움 속에서 꾸준히 배우고 견디는 인내가 필요하다.

많은 사람들이 부동산 투자로 성과를 내고 싶어하지만, 실제로 그 과정에서 요구되는 노력과 희생은 감수하지 않으려 한다. 하지만 이런 내적 충돌을 극복하는 순간 사고방식이 변화하고, 투자에 대한 두려움을 이겨내며 놀라운 성장의 순간을 맞이하게 된다.

부동산 투자에서 가장 중요한 것은 모든 것을 걸고 무리하게 투자하거나 과도하게 희생하는 게 아니다. 현재 삶을 유지하면서도, 꾸준히 시장을 분석하고 작은 투자부터 경험을 쌓으며 변화를 만들어가는 게 핵심이다. 아무런 행동 변화 없이 극적인 성과를 기대할 수는 없다. 부동산 투자에서 성과를 원한다면, 마땅히 노력과 대가를 받아들이겠다는 각오로 한 걸음씩 전진해야 한다.

태어나서
자란 지역의 한계

종종 사람들과 이야기를 나누다 보면 자신들이 어느 지역에 사는지 말할 때가 있다. 그 곳을 잘 알지 못할 경우 반사적으로 "○○은 살기 좋아요?" 라고 묻게 되고 대부분 "○○은 살기가 너무 좋아"라는 대답이 돌아온다. 이렇게 자신이 사는 지역이 매우 살기 좋다고 말하지만 우연히라도 막상 그 지역을 가보면 거주자가 말하는 것만큼 좋다는 인상을 받기가 어려울 때가 많다.

왜 이런 일이 일어날까? 각 지역의 거주자들은 살기가 무척 좋다고 하는데 정작 그곳을 가본 나는 그곳이 살기 좋다는 것을 왜 못 느끼는 걸까? 그럼 반대로 내가 살기 좋다고 한 곳을 그들이 와보면 내말처럼 살기 좋다고 느낄까? 아니다. 역시나 그들도 살기 좋다는 느낌을 받지 못할 수 있다.

이런 일들이 일어나는 건 각자가 살아온 지역이 각각 편하게 느껴지기 때문이다. 사람은 낯선 환경을 불편하게 느끼고 그런 느낌을 가지면 살기 좋다는 느낌을 가지기 어렵다. 하지만 안타깝게도 이런 환경적 적응이 부동산 투자를 하는데 있어서 엄청난 차이를 만든다.

예를 들어보겠다.

○○직장에 다니는 A씨는 지방에서 나고 자라 그 곳에서 대학까지 나왔지만, 서울의 중소 기업에 취업을 하면서 서울 살이를 시작했다. 매일 같은 지옥철이 싫어서 취업과 동시에 서울에 집을 마련하는 것이 꿈이 되었고 마침내 2013년에 대출을 받아 서울 마포에 조그만 아파트를 샀다. 부동산에 대해서 잘 몰랐지만 서울에서 직장을 다니며 지옥철을 타지 않고, 출퇴근이 편한 곳 안에서 최대한 저렴하고 시간이 적게 걸리는 곳이 마포였던 것이다. A씨는 부동산에 대한 관심이 있지는 않았지만 아침에 잠 을 더 자고 싶었고 회사에 편하고 빠르게 가기 위해 집을 산 것이다.

××직장에 다니는 지방 국립대의 공대를 나온 B씨는 지방의 인구 100만 도시 창원에 산다. 대기업이 많은 인구 100만의 지방도시 창원에서 많은 연봉을 받으며 회사에 다니고 있어 매우 만족해 했다. 좋은 직장을 다니고 있었기에 결혼도 빨리 하고 싶었던 B씨는 아파트를 소유한 남자가 결혼 상대로 매력이 크다고 생각해서 10년이 안 된 준신축 아파트를 대출 없이 마련했다. 이때도 마찬가지로 2013년이었다.

A씨는 낯선 서울살이에 오직 출퇴근만이라도 덜 힘들고 싶은 마음만으로 대출까지 받아 작은 아파트를 마련했으나 시간이 흐를수록 직장이

가깝고 생활이 편한 곳에 사는 것이 자신의 삶에 있어 잘한 선택이라는 것을 깨달았고 큰 만족감을 가졌다.

이에 비해 B씨는 기업의 핵심 공장인 이곳에서 열심히 일하면서 승진도 하고 결혼도 하면서 아이도 키우고 싶었다. 도시도 깨끗하고 백화점도 있고 살기좋은 창원에 아파트를 가지면 남부럽지 않게 살 수 있다고 생각했다. 지하철이 없어도 차로 막힘 없이 출퇴근을 할 수 있어 창원이 너무 살기 좋은 도시라고 생각하며 역시 큰 만족감을 가졌다.

이 두 사람의 이야기를 들어보면 꼭 우리들의 이야기같지 않은가? 이처럼 사람이 직장을 가지게 되면서 사는 곳이 정해지고 이에 따라 삶을 꾸리면 그 곳에 정착할 가능성이 크다. 사회생활을 하면서 부동산에 지속적으로 관심을 가지기가 어렵고 그저 내가 살게 된 곳을 둘러보며 그 안에서 더 살기 좋은 곳이 어딘지 찾게 된다. 그러다보니 태어난 곳에서 학창시절을 보내고 직장까지 근처로 얻게 되면 그 사람이 살아온 세상은 그 동네가 전부인 것이다.

이렇게 되면 그의 소원은 이제까지 살아왔던 동네에서 남들 보기에 좋고 번듯한 아파트에 사는 것이 된다. 오랜 시간동안 익숙하게 지내온 곳을 떠나서 낯선 환경에 가고 싶지 않은 것이 사람의 마음이다. 결국 사회에서 만난 사람들과 살아가는 이야기를 나누면서 각자가 사는 지역으로, 자신이 오랫동안 지내온 지역이 제일 살기 좋다고 말하게 되는 것이다. 편하고 익숙한 지역이기에 누구보다 그 곳이 자신이 살기 좋은 지역이라고 느끼고 그것이 그가 아는 부동산의 전부가 되었기 때문이다.

　태어난 곳이 대구라면 나의 세상은 대구가 전부이고, 부산에서 태어났다면 나의 세상은 부산이 전부가 된다. 그나마 대구, 부산이어도 전부 돌아봐야 살기에 더 좋고 나아가 향후 발전될 곳을 알 수 있겠지만, 매일 먹고사는 일에 치이다보면 다른 동네가 어떤지 까맣게 잊고 일상을 살아가게 된다.

　그렇게 일상을 살아가다가 어느 날 문득 뉴스에서 서울 집값이 폭등한다, 해운대 집값이 폭등한다, 수성구 집값이 폭등한다 등의 뉴스가 나오면 쓰린 속을 부여잡고 나는 왜 저런 입장이 아닐까 생각하게 된다. 그러다 또 시간이 지나 이런 뉴스가 잠잠해지면 언제 그렇게 속상했냐는 듯한 마음으로 또 잊는다.

　누구나 부자가 되고 싶어하고 누구나 부동산으로 큰돈을 벌고 싶어한다. 하지만 사는 지역의 한계를 벗어나지 못하면 이제는 부동산으로 큰돈을 벌 수 없다. 과거 개발 도상국의 위치였던 대한민국의 시절은 내가 사는 지역의 부동산만 잘 굴려도 수익이 크게 불어났다. 하지만 지금은 개발의 속도도 늦어지고 인구가 폭발적으로 늘지 않는 시대가 되었다. 선별적으로 효과적인 투자를 해야 좋은 결과를 가져오는 시대가 된 것이다. 이런 상황에서 현명한 부동산 투자를 하려면 내가 사는 지역의 한계를 벗어나거나 적어도 내가 사는 지역에서는 가장 좋은 곳으로 이동하려는 노력을 해야 한다.

아무리 많은 인구가 서울 수도권으로 집중된다고 해도 지방의 모든 도시가 소멸할 수는 없다. 만약 내가 사는 곳이 지방의 광역시급이라면 얼마든지 부동산 투자를 해도 좋다고 생각한다. 지방의 도시 중에서 끝까지 살아남을 곳을 꼽으라면 인구 100만 명 이상의 대도시와 지방 광역시라고 생각하기 때문이다.

그런 관점에서 내가 사는 지역의 한계를 넘어보자. 부산이라면 해운대구 수영구 동래구를 돌아보면서 내가 사는 곳과 다른 점을 비교해 보는 노력을 해보고, 대구라면 수성구 중구 달서구를 돌아보면서 내가 사는 곳과 비교를 해보면 지역의 차이를 알고 시야가 넓어질 것이다. 여러 곳에 가서 직접 발로 뛰며 현장을 보면 확연하게 내가 사는 곳과 다른 점들이 보이고 이런 노력과 데이터가 쌓이면 당장 내가 무엇부터 해야 할지 눈에 들어오기 시작한다.

간혹 영상이나 언론에서 지도와 영상으로 충분히 그 지역의 가치를 알 수 있다고 말하는 분들이 있는데 나는 이에 절대적으로 반대한다. 영상과 지도로 부동산 투자가 가능하다면 부자가 안 될 사람이 누가 있고 부동산 투자가 어려울 이유가 없다. 언론에 나오는 대부분의 기사는 호재나 이슈를 다루고 있지 지역의 진정한 가치를 말하지 않는다. 그래서 부동산 투자를 하고 싶다는 마음을 먹었다면 막연히 임장을 나가기 전에 내가 사는 지역의 한계를 뛰어넘겠다는 결심부터 해야 한다. 자꾸 반복적으로 내가 사는 곳이 좋다는 마음에 사로잡혀서 우물 안 개구리로만 산다면 절대로 절대로 절대로 부동산으로 돈을 벌 수 없다.

지금 집을 사면 손해볼 것 같아 불안해하는 사람들이 많다. 부동산 공부를 할 여유도 없고, 공부 자체가 어렵고 재미없게 느껴지니 누군가 대신 해답을 알려줬으면 하는 마음도 크다. 그래서 스스로 판단할 역량이 부족한 이들은 쉽게 '멘토'를 찾고, 그 멘토의 조언만을 맹신하기도 한다. 하지만 그러한 방식으로 선택한 멘토가 극단적으로 비관적인 관점을 가진 사람이라면, 그를 따라 하다가 오히려 큰 손해를 경험할 수 있다.

사람들은 흔히 자유롭게 투자하고 싶다는 바람을 갖지만 실제로는 자유에 수반되는 경쟁, 노력, 책임을 두려워해 멘토에게 의존하기 쉽다. 자신이 노력하거나 실패의 책임을 지는 대신, 멘토가 내리는 판단에만 기대면 결국 스스로 투자 판단력을 기르지 못하게 된다.

진정으로 자유로운 투자자가 되려면, 자기 결정과 책임, 그리고 지속적인 노력이 필요하다. 어린아이처럼 누군가의 조언만 기다리는 태도에서 벗어나, 스스로 시장을 분석하고 경험을 쌓아야 한다. 멘토의 조언은 참고일 뿐, 모든 결정을 대신해줄 수는 없다. 결국 누가 무엇을 말하든, 직접 실천하지 않으면 결코 원하는 결과를 얻을 수 없다. 내 삶을 바꿀 수 있는 사람은 멘토가 아니라 오직 나 자신뿐이다.

사는 곳이
자산의 크기가 된다

앞의 사례에서 보듯이 두사람의 차이는 직장의 위치를 계기로 A씨는 서울에서 중소기업을 다니면서 대출까지 더해 집을 사야 했고, B씨는 창원에 살며 현금으로 집을 샀다. 둘 다 부동산은 공부를 해본 적도 없고 직장에서 성공하는 게 꿈인 사회 초년생이었다. 그런데 이 둘의 선택은 시간이 지난 2025년 현재, 자산에 엄청난 차이가 생겼다. 서울에 집을 산 A씨는 부동산 실력과 상관없이 B씨보다 많은 자산을 가지게 된 것이다.

이게 우리의 현실이다. 자의로든 타의로든 한 지역에 머물며 그 곳만을 보게 된다면 이렇게 지역에 따라 격차가 일어날 수밖에 없다. 우리 주변에서 흔히 일어나는 사례다. 다들 아는 것처럼 2013년이 부동산의 저점이었고 이 때 아무도 부동산을 사지 않는 시기였다. 하지만 A씨와 B씨 둘다 직장을 다녀야 했고, 살 집이라는 생활의 터전이 필요했기에 집을 산 것이다. 단지, 그 이유였다.

시간이 지나서 돌이켜보면 다들 저점일 때 서울에 부동산을 샀어야 했다고들 말한다. 하지만 말이 쉽지, 정말 어려운 일이다. 내가 사는 지역을 벗어나서 다른 지역에 집을 사고 오랜 시간동안 투자를 하는 게 일반적으로 가능하다고 생각하는가? 그 당시 나의 경험을 비춰보면 나에게 어느 지역을 투자해야 하는지 물어보는 사람이 많았고 수도 없이 지금 사는 곳의 집을 줄이고 목돈을 마련해서 서울 주요 지역에 투자를 하라고 권유했지만 그것을 실행한 사람은 극히 일부였다.

그 이유는 간단하다. 내가 살아온 인생에서 가장 큰돈이 들어가는 집을 내가 모르는 지역에 투자를 한다? 그런 일을 쉽게 일어나지 않는다. 지금도 매일 언론에서 '서울의 집값이 폭등한다', '강남은 불패의 신화를 자랑한다', 'GTX 주요노선으로 서울 수도권 집값이 들썩거린다'라는 기사가 나오지만 정작 그 지역에 사는 사람이 아니면 다른 지역의 부동산에 투자하기는 매우 어렵다. 왜? 모르니까 불안하고, 불안하니 선뜻 결정할 수 없는 것이다.

청약을 넣을 때도 비슷한 현상이 일어난다. 지방에 직장을 마련한 사람들은 그 근처에서 청약을 넣어 그곳의 새 아파트를 가지고 싶어하는 반면 서울에 직장을 가진 사람들은 서울의 새로 짓는 아파트에 청약을 넣을 것이다. 다음은 얼마전 실제로 일어난 지인들의 사례다.

둘 다 가진 돈이 4억이었는데 부산에 직장을 가진 지인과 서울에 직장을 가진 지인 둘 다 청약에 당첨이 되었다. 한 명은 부산 강서구의 신축 아파트에 당첨이 되었고 다른 한 명은 서울 장위신도시에 당첨이 되었다. 시간이 흐른 후 누가 더 자산이 많아질지 불 보듯 뻔하다.

결국 내가 사는 곳 안에서 무언가를 하려고 하는 것이 인간의 본능이기에 이런 삶의 터전, 살아온 환경, 직장의 위치 같은 것이 우리의 자산 전체의 크기를 결정한다. 어떤 경우에는 부동산을 몰라도 내가 삶을 꾸려가고 있는 터전 이 부동산 상급지라는 운이 따라주어 자연스럽게 그 곳에서 내 집을 마련하며 남들보다 잘 살게 되기도 한다. 이런 경우 우리가 가지는 부의 크기가 운으로 결정되는 것으로 생각되기도 한다. 그렇다면 우리는 그런 운만을 부러워하고 나의 운을 탓하며 이대로 살아야 하는 것일까? 아니다. 앞에서 여러 차례 이야기했지만 우리는 충분히 실력을 키워 우리의 것을 찾아나설 수 있다.

우연히 알게된 지인 중에 이런 환경을 뛰어넘어 큰 부를 이룬 분이 있다. 어느 날 식사를 같이 하다가 그분이 부동산 투자에 상당한 내공이 있는 것을 알았다. 늘 검소하고 지방의 저가 아파트에 살고 계셨지만 오랜 시간 동안 꾸준하게 전국 핵심지에 부동산 투자를 하셨던 것이다. 어떻게 각기 다른 지역에 투자를 했는지 묻자 주말에 여행을 가거나 잠깐이라도 나들이를 갈 때마다 부동산으로 유명한 동네를 꼭 갔다가 그 주변의 관광지나 여행할 곳들을 둘러봤다고 하셨다.

그분도 나처럼 '왜 다른 지역의 부동산들이 각기 다르게 움직이는가?'라는 의문이 생겼고, 결국 범위를 더 넓게 생각하고 유명한 투자 지역에 직접 가서 보고 판단해야겠다는 결론을 내렸다고 한다. 실제로 투자 대상이 생길 때 마다 그곳에 가서 며칠씩 둘러봤고 확신이 서면 실행해 지금의 자산을 이룰 수 있었다고 했다.

그렇다. 사는 지역을 넘어 직접 가서 보고 느낀 사람은 타지에 투자하는 것에 대한 두려움이 없다. 이런 부동산 투자를 한 사람은 다른 이들과 차별이 되는 큰 부를 이룬다. 결국 우리가 급여를 받는 직장인이라면 내가 사는 지역의 한계를 뛰어넘는 노력을 해야 많은 자산을 이룰 수 있을 것이다. 이런 방법이 아니라면 내 자산의 크기는 내가 사는 지역만큼만일 수 있다.

부동산 투자는 원하는 집을 얻는 과정이 눈덩이를 굴리듯 집에 가치를 더해가는 과정이다. 집은 집으로 사야 한다는 사실을 아는 것이 바로 그 시작이다.
결국 중요한 것은 방향성이다. 멈추지 않고 나아가면 결국 원하는 목표에 도달하게 된다. 나 역시 그랬고, 여러분도 분명 그렇게 될 것이다.

안 가보면 모른다

앞서 살펴본 이야기를 보면 무조건 내가 사는 지역보다 더 좋은 지역에 가서 부동산 투자를 하는 것이 진리인 것처럼 보인다. 사는 곳과 직장이 지방일지라도 시간을 내서 유망하다는 지역을 둘러보고 내가 있는 곳보다 어떤 점이 좋은지 알아봐야 할 것 같은 생각이 들 것이다.

하지만 이런 마음과는 달리 내가 처한 현실은 그리 만만치 않다. 매일같이 직장에서 돈을 벌어야 하고 주말이면 가족과의 일상이 펼쳐지고 육아에 집안일까지 해야 할 일이 너무 많다. 미혼이라면 주말마다 친구, 이성을 만나거나 만남을 위한 소개팅도 할 것이다. 늘 발생하는 야근과 회식에 몸은 천근만근이다. 이렇게 할 일이 너무 많아 여유 시간이 없는 것이 현실이다. 매일 뉴스에서 나오는 강남, 송파, 마포, 수도권 GTX 노선 등의 이야기를 듣지만 이건 남의 나라 이야기 같다.

그럼 이러한 현실 앞에 무릎 꿇고 현재 사는 곳에서만 좋은 부동산, 수익이 많이 나는 부동산을 찾아야 하는 걸까? 하지만 이렇게 해서는 투자 결과의 한계가 있다는 것을 이젠 알 것이다. 그 한계는 내가 사는 지역에서 가장 비싼 84㎡ 아파트를 기준으로 가격을 보고 내가 정말 살고 싶은 지역의 동일 평수 아파트 가격을 비교해보면 지역의 차이를 통해 알 수 있다.

물론 이렇게 결과의 차이를 알았다고 하더라도 직접 가보지 않으면 투자를 할 수 없다. 말로는 좋다고 하지만 '도대체 무슨 이유로 끝없이 가격이 올라가는지? 아파트와 주변 환경에 어떤 장점이 있는지? 왜 그 지역에 그 돈을 넣어서 투자를 해야 하는지?' 개인이 판단하기는 쉽지 않다. 실제로 현재 많은 이들이 선호하는 마포의 경우 원래는 엄청난 언덕이 있어 경사가 심한 지역이었고 오래된 빌라와 주택이 많이 있던 지역이라서 선호하는 주거지가 아니었다. 그래서 예전에 살다가 이사 간 사람들이 지금의 마포를 보면 '마포가 이런 곳이었나?'라고 놀라는 분들이 많다.

서울은 사람들도 많지만 가보면 '이런 지역인데 왜 가격이 이렇게 비싸지?'라는 의문이 드는 곳이 한두 곳이 아니고 지방의 쾌적한 아파트에 살던 분들이 좋다고 소개받은 서울의 아파트를 보면 이렇게 낙후된 곳에서 왜 사는지 모르겠다며 손사래를 치고 돌아 나오는 경우가 허다하다. 이런 상황이다 보니 지방에 살면서 서울 수도권에 부동산 투자를 하는 것이 매우 어려운 것이다.

특히 지방에 살고 있는 사람들의 경우 서울 지하철의 중요도를 모르기에 서울이나 대도시의 역세권 아파트 가격을 보면 두 가지 경우에 대한 의

구심이 생길 수 있다.

> 1. 역세권 신축일 경우 엄청난 가격에 접근할 엄두를 내지 못한다.
> 2. 꽤 매력적인 가격을 다가오는 매물인 경우 너무 구축이라 마음에 들지 않는다.

다행히(?) 이는 단 며칠이라도 직접 경험을 해보면 깨달을 수 있다.

서울 및 수도권을 가지 않더라도 지방의 중심 도시에서도 이런 일들이 허다하게 일어난다.

대구로 예를 들어보겠다. 부동산에 관심이 있는 분들이라면 대구의 수성구를 알 것이다. 실제로 대구 수성구(수성구가 매우 넓다. 나는 개인적으로 수성구 는 경신고를 둘러싼 학군지와 범4 만30이라고 부르는 대구의 학군지만을 지칭한다)에 가면 대단지 아파트를 찾아볼 수 없다. 경사도도 심하고 도로 정비도 깔끔하지 못해서 도대체 왜 살기 좋은 곳인지 판단하기 어렵다. 실제로 수성구의 대장 아파트인 범어 힐스테이트는 400세대 남짓이고 대형 평수는 아예 없는 아파트다. 그런데도 지어진 시기부터 지금까지 대구에서 84㎡ 기준으로 여전히 대장 아파트 자리를 지키고 있다.

이처럼 큰 도시일수록 많은 지역을 가봐야 구축임에도 어떤 장점이 있는지, 서울 수도권의 경우 역세권이 왜 중요한지, 대구의 경우 왜 수성구가 중요한지, 부산이라면 바다가 주는 장점이 무엇인지 등의 장단점을 알고 지역의 가치를 스스로 판단할 수 있다.

요즘 유튜브나 인스타그램에 수많은 정보가 넘쳐난다. 새로 생긴 아파트의 내부와 주변까지 실시간으로 영상이 올라온다. 그래서 흔히들 이런 곳을 가보지 않고도 지도와 영상만으로 투자가 가능하다고들 말한다.

하지만 현실은 그렇지 않다. 이렇게 수많은 정보가 있어도 내가 직접 가보는 것과 영상을 보고 판단하는 것은 엄청난 차이가 있다. 실제 인터넷 지도의 로드뷰와 주변 영상은 결국 카메라 프레임 안에 담긴 것들이다. 주변을 담아내는 데 제약이 많다.

쉽게 생각해보자. 여러분이 여행을 가서 눈에 보기에 너무 좋은 풍경이 있을 때 사진을 찍어보면 내가 눈으로 보는 것과 사진에 담긴 풍경이 매우 다르다는 것을 알 것이다. 부동산도 이와 마찬가지다. 아무리 사진과 영상에 잘 담는다 하더라도 내가 직접 주변의 곳곳을 보고 느끼는 것과 사진은 엄청난 차이가 있다.

더욱이 그 주변을 이루는 생활권과 환경, 구성원들은 직접 가서 보고 느껴야 한다. 아무리 좋은 도시라도 사람의 수가 적으면 가치가 떨어진다. 쉽게 생각해서 아무리 오래 된 곳이라고 해도 사람들이 많이 다니고 선호하는 지역이면 가치가 떨어지지 않는다.

우리가 잘 알고 있는 압구정 현대 아파트나 대치동 은마 아파트가 그런 실제 예시다. 상식적으로 40년이 넘은 아파트가 그렇게 비싸야 할 이유가 없다고 생각할 수 있지만 실제로 현장에 가보면 정말 셀 수 없을 정도의 유동 인구가 있고 살면서 누릴 수 있는 것들이 바로 주변에 정말 다양하게 많다는 것을 알 수 있다.

일부 혁신도시나 신도시에 가면 깨끗하게 정비가 잘 되어 있다. 만화나 영화에 나올 모습들이 대한민국에 여러 곳이 있다. 그런데 이렇게나 좋은 곳들이 왜 비싸지 않을까? 이유는 이 아파트 단지만 깨끗하고 주변은 논밭이거나 아무것도 없는 환경이기 때문이다. 가끔 아파트 모델하우스에 가서 전시되어 있는 모델하우스를 보면 금방이라도 이 집에 살아야 할 것 같고 여기에 살면 내 삶의 질이 달라질 것이라고 느낀다. 하지만 실제로 입주를 하고 나면 이런 생각이 달라진다. 주변이 논밭이거나 낙후된 아파트와 상가들로 둘러싸여 있고 내가 사는 아파트 단지만 덩그러니 튀는 상황이 발생하기 때문이다. 환경적인 요소를 고려하지 않고 부동산 투자를 하면 이른바 '물린다'는 경우가 발생하는 사례다. 이런 이유로 상품 개별성과 주변 환경을 같이 파악해야 하는 것이다.

이런 이유로 사진과 영상으로 보지 못하는 것을 직접 보고 그 곳의 가치를 진짜 알고난 후에 내가 가진 돈을 넣는 투자를 하기 바란다. 특히, 서울 및 수도권은 현장에 가서 직접 보고 느낀 후 필자가 왜 그렇게 역설하는지를 알았으면 한다.

지방과 수도권의 일부 단지의 사례를 통해서 호재나 시장이 좋을 때 부동산을 잘못 투자하면 어떤 결과를 맞이하는지와 임장을 통해서 지역의 가치 즉, 입지가 주는 중요성을 알고 투자를 하는 것이 부동산 투자에 있어서 얼마나 중요한지 알아보도록 하자.

다음에서 설명하는 지역 및 단지들은 오직 예를 들기 위한 것일 뿐 특정 단지를 비하하려는 것은 절대 아니니 오해는 말기 바란다.

　비슷한 시기에 같은 돈을 넣어서 다음의 사례처럼 계속적인 하락을 맞이하는 경우도 있다. 만약 다양한 지역을 알았다면 그와 비슷한 돈을 넣어, 잠시 하락했지만 현재는 전고점을 회복했을 것이다. 오히려 2021년 부동산 불장에서 올랐던 가격보다 더 오른 매물도 상당히 많다는 것을 알

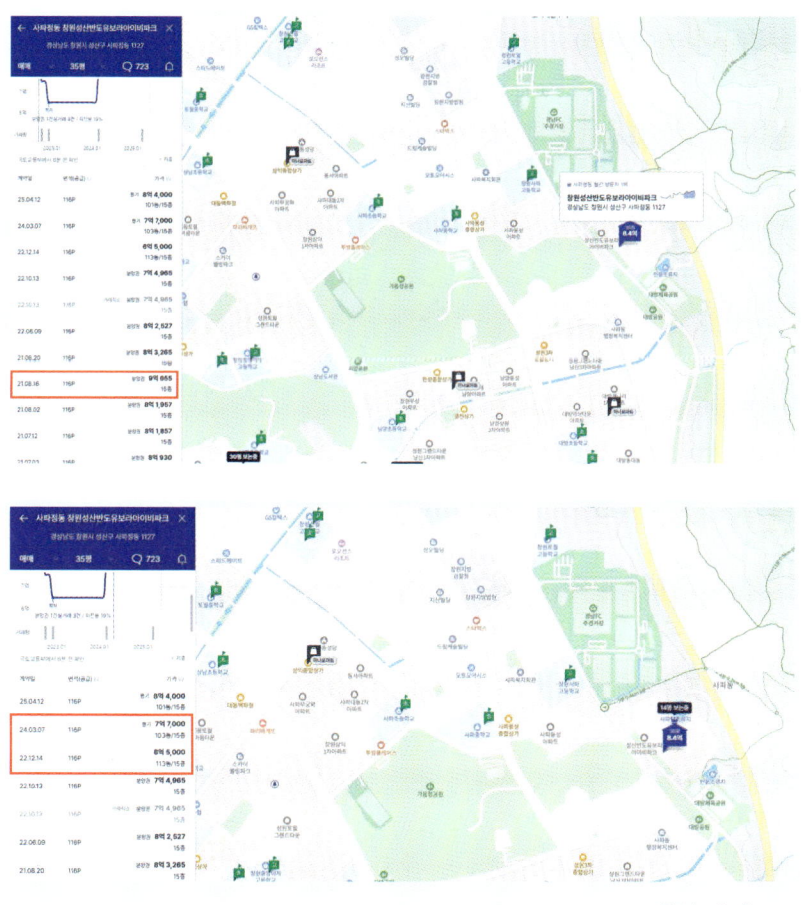

출처 : 호갱노노

PART 1. 부동산 투자에서 임장이 왜 중요한가?　33

수 있다.

　창원의 사파동에 있는 4년 차 신축 아파트를 살펴보자. 자료는 호갱노노의 실거래 가격에서 가져온 것이다. 2021년 당시 9억 원이 넘게 거래된 매물이 그 후에 7억 원 중반에서 거래되고 있다. 실제로 이 곳을 가보면 주변이 조금 낙후되어 있고 나홀로 새 것인 느낌을 준다. 창원이 살기 좋은 곳이지만 이곳의 경우 개별 상품성만 뛰어나고 그것을 받쳐주는 환경이 다소 부족하다. 그래서 2021년 부동산 상승기 이후 하락이 시작되면서 고점의 가격에서 지속적으로 하락하고 있다.

　저 당시 왜 저렇게 높게 매매되었는지 알 수는 없지만 개인적으로 9억 원의 가격을 회복하기가 쉽지 않아 보인다. 이미 지어진 지 4년이 지났고 현재의 부동산 시장으로 볼 때 당분간 하락을 맞이할 것으로 보인다. 앞으로 하락이 지속되어 2~3년이 더 흘러버리면 저 아파트는 준신축이 되고 조금 더 시간이 지나면 구축이 된다. 현재 창원의 아파트 시장은 지속적으로 신축이 공급되는 시장이다. 도시의 크기가 엄청나게 크지 않고 지속적으로 대단지 신축이 공급되고 있다. 이런 과정에서 창원에 다시 부동산 불장이 오려면 얼만큼의 상승이 있어야 할까? 아니면 나홀로 창원 시장이 다른 시장을 제치고 혼자 독주하면서 올라갈까? 그런 일이 일어날 수도 있지만 정말 쉽지 않아보인다. 당시의 매수인은 아마도 힘들게 모았을 2억 원이라는 돈을 고스란히 날릴 수도 있다. 제대로 임장을 하지 않고 부동산 투자를 하면 이와 같은 힘든 결과를 만들게 된다.

출처 : 카카오맵

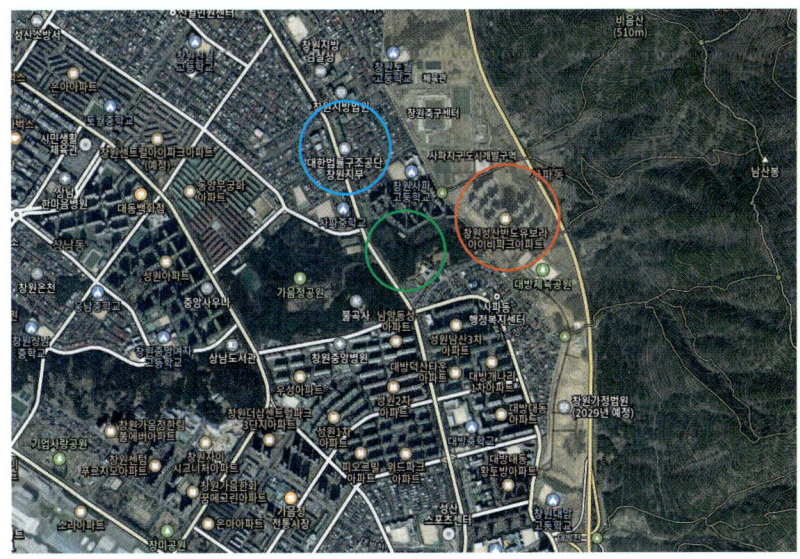

출처 : 카카오맵

PART 1. 부동산 투자에서 임장이 왜 중요한가?　35

주변의 환경을 살펴보면 이 아파트의 경우 다른 곳과 단절된 것을 볼 수 있다. 편의시설 접근성도 떨어지고 도보로 이 곳으로 가기도 쉽지 않아 보인다. 아파트 안에서만 살면서 모든 것을 해결할 수 있다면 좋겠지만, 살다 보면 밖에서 사람도 만나고 학교도 다니고 학원, 마트, 병원 등의 시설을 이용해야 한다. 그래서 투자할 때 직접 가서 보고 걸어보고 주변 환경을 느끼며 투자 대상이 주는 느낌까지 봐야 하는 것이다.

단순하게 앞의 자료만 봐도 다른 단지들과 다르게 구축 아파트 하나랑 신축 아파트 하나만 있다는 걸 볼 수 있다.

두 개의 원을 중심으로 조금 더 자세히 살펴보자. 큰 원은 아파트 이름이 없는데 이는 지도에서 주택이나 빌라를 나타낸다. 두 개의 아파트 사이로 하얀 부분이 많다는 것은 오래된 집이나 빌라가 주변을 둘러싸고 있다는 것이다. 더욱이 작은 원의 산등성이가 다른 지역으로의 이동을 막아놓고 있는 형태라서 사파동 쪽의 단절성이 더욱 도드라진다. 산등성이를 지나는 도로도 폭이 큰 도로라서 길을 건너는 데 거리감을 느끼게 한다.

이처럼 지역 간의 단절을 만드는 많은 요소들이 이 곳을 둘러싸고 있어 거주지로 선호되기는 쉽지 않아 보인다. 특정 지역이 살기에 좋다는 느낌을 주려면 산이나 큰 도로로 나뉘지 않아 지역 간의 연계성이 좋아 이동이 편하다는 느낌과 균질성이 있어야 한다.

그런 면에서 다음 자료는 앞의 동네와 다른 느낌을 준다. 어떤 점이 다른지 자세히 보자.

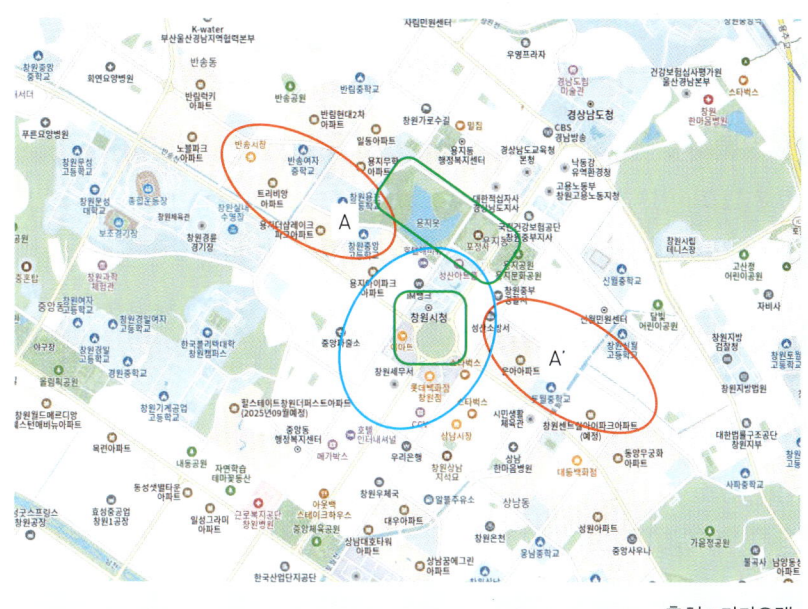

출처 : 카카오맵

　창원의 대장이 있는 용지아이파크(A)와 은아아파트(A') 주변은 보다시피 관공서, 상업지역, 병원, 마트 등의 편의시설을 도보로 이용할 수 있어 보인다. 이렇듯 집값은 주변의 환경과 아파트의 개별 상품성이 어우러져 만들어지는 것이다. 단독 물건의 가치로만 가격이 형성되는 건 아니라는 뜻이다. 이 자료를 보고 어떤 이들은 여기는 원래 비싼 곳이니까 그런 것 아니냐고 반문할 수 있다. 하지만 지역을 자세히 들여다보면 왜 그렇게 좋은 곳인지 알 수 있다.

　용지아이파크(A)를 보면 아파트가 연속적으로 붙어 있고 그 뒤로는 바로 학교가 자리잡고 있다. 자녀가 학교를 갈 때 위험한 차도나 정비가 안 된 길을 지나가지 않아 자녀의 등굣길을 신경 쓰지 않아도 된다. 더욱이 주변을 보면 이곳이 살기 좋은 곳이라는 이유가 더 명확해진다. 호수공원이 인접해 있고 그 주변으로 도서관이 2개나 자리하고 있다. 그만큼 집 주변에 위해 시설은 없고 산책하고 책 읽기 좋은 환경을 갖추고 있다는 말이다. 그 외에도 대부분 관공서와 문화를 즐길 수 있는 아트홀과 소극장도 있다. 여가와 건강을 챙길 수 있어 보인다. 이런 환경인데 사람들이 싫어할 리가 있겠는가? 단지 아래로는 시장도 가까워서 온라인으로 주문하지 못한 물건들을 급하게 사러가기도 좋다.

창원의 또 다른 곳도 살펴보자.

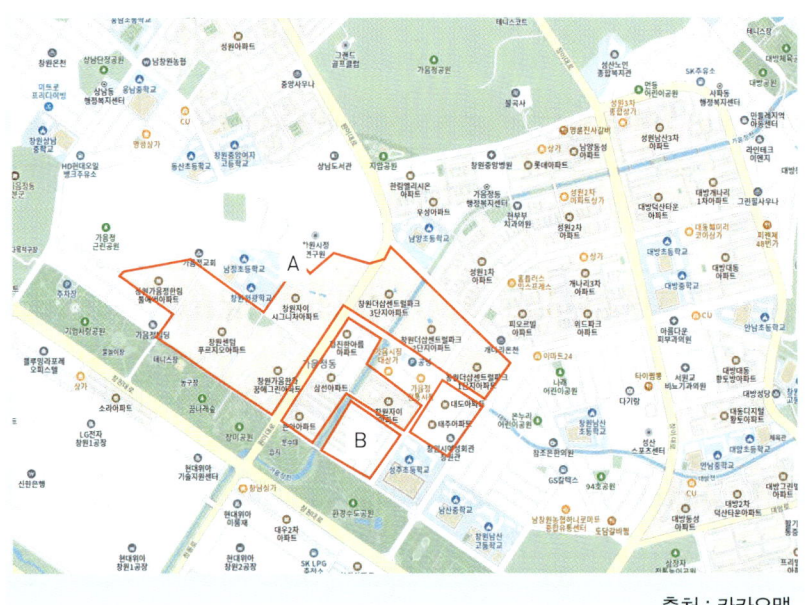

출처 : 카카오맵

창원의 가음정이라는 곳인데 이미 지어진 지 7년이 넘어가는 준신축단지이지만 균질하게 아파트가 많이 모여 있고 인접한 시장과 상가가 많다.

학교와 공원, 특히 창원의 접근성이 좌우되는 창원대로가 바로 옆이다. 이렇게 주변의 환경은 점차 개선되고 내가 사는 곳이 쾌적한 곳이라는 느낌을 주어야 하락장이 와도 가격이 덜 떨어지고 버티다가 상승장에 더 올라가는 것이다. 더욱이 2025년에 자이시그니처(A), 27년에 푸르지오(B)가 각각 입주를 시작한다. 신축 대단지가 들어오면서 상가 등도 새로 많이 들어설 것이기에 이곳의 쾌적성은 더 올라갈 것이다.

지도를 통해서 3곳의 지역을 비교해보면 각 지역이 가지는 차이가 무엇인지 확연하게 알 수 있을 것이다. 그리고 절대 잊지 말아야 할 것은 지도를 통해서 그 지역들의 각각의 특징을 봤으면 이를 바탕으로 현장에 가서 직접 내 눈으로 봐야 그 특징들을 체감하고 기억해서 투자에 적용할 수 있다는 것이다. 지도만 봐서는 그냥 단순한 그림처럼 보이고 주변에 무엇이 있고 어떻게 다른지 정확히 알기는 어렵기 때문이다.

주변에 신축이 들어서면 계속적으로 환경이 개선되고 거주의 선호도가 올라간다. 용호동만큼의 환경은 아니지만 단지 아래 공원도 넓게 자리 잡고 있는 B지역은 재건축 예정인 구축 및 빌라들인데 후에 이 곳이 전부 개발이 된다면 엄청난 규모의 아파트가 자리잡은 쾌적한 거주지가 될 것이다. 이 곳들 모두가 평지이고 용호동이나 상남동 같은 상업지로 가는 것도 멀지 않아서 용호동에 거주하기 부담스러운 이들이 거주하기 좋은 곳이다.

모두가 가장 비싼 지역으로 가고 싶지만 가격의 부담이 있어서 그럴 수 없다. 그렇다면 다음으로 좋아질 곳, 그도 아니면 또 그의 차선책까지 보는 것도 중요하다. 그래서 부동산 투자를 위한 임장 시에 입지를 본다는 것은 내가 투자하고 싶은 지역이 얼마나 쾌적한지와 앞으로 쾌적한 곳으로 바뀔 가능성을 살펴보는 것이다. 더 나아가 가음정이 이런 환경과 함께 선호되는 또 다른 이유는 대기업이 자리잡은 창원 공업단지로의 출퇴근이 상당히 편하기 때문이다.

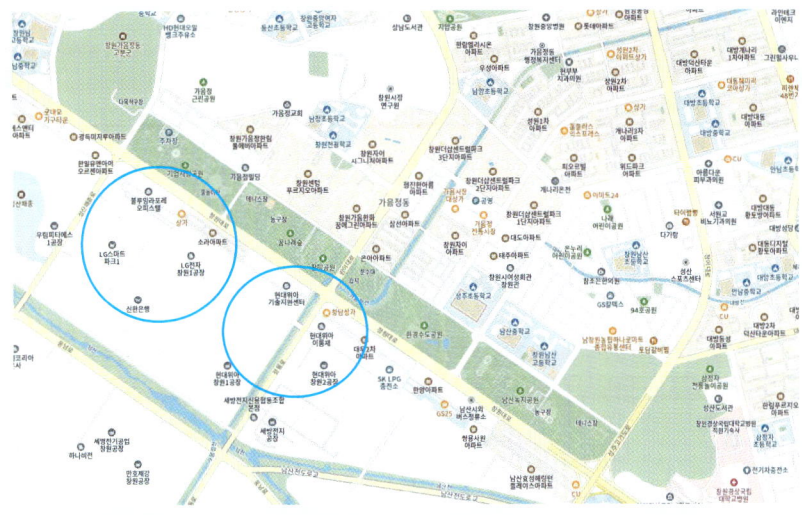

출처 : 카카오맵

LG나 현대와 같은 유수의 대기업이 있는 곳이 창원인데 직장까지 도보로 출퇴근 가능한 지역이 가음정이다. 서울·수도권과 달리 지방의 경우 차로 30분 이상 걸리는 출퇴근 거리를 상당히 부담스럽게 느낀다. 그런데 가음정의 경우 도보로도 가능하기에 이곳에 살기를 바라는 것은 당연한 것으로 보인다. 소득수준이 되고 신축급의 아파트에 살면서 가깝고 안전하게 자녀를 통학시킬 수 있는 곳이기에 끊임없이 수요가 있을 것임은 한눈에도 알 수 있다.

이처럼 부동산 가격을 결정하는 것은 여러 가지 요소가 어우려져서 만들어지는 것이다. 가끔 무조건적으로 신축아파트만을 선호하는 분들을 본다. 오죽하면 '얼죽신'이라는 말이 나왔겠는가? 하지만 그것은 나무만 보고 숲을 보지 못하는 것이다. 신축은 언젠가는 구축이 된다. 첫 번째 사례처럼 시간이 지나면서 가격의 반등이 어려운 곳을 고르면 소중한 나의 돈이 그 한 순간의 선택으로 날아갈 수 있다. 그래서 임장을 할 때는 상품의 개별성으로만 접근하지 말고 첫째도 주변의 환경, 둘째도 주변의 환경을 보고 그 부동산이 그 지역에서 가지는 입지의 위상을 파악하는 것이 중요하다.

혹시 지금의 시장에 창원 즉, 지방을 예로 드는 건 무리가 있다고 할 수 있으니 수도권의 경우도 살펴보자.

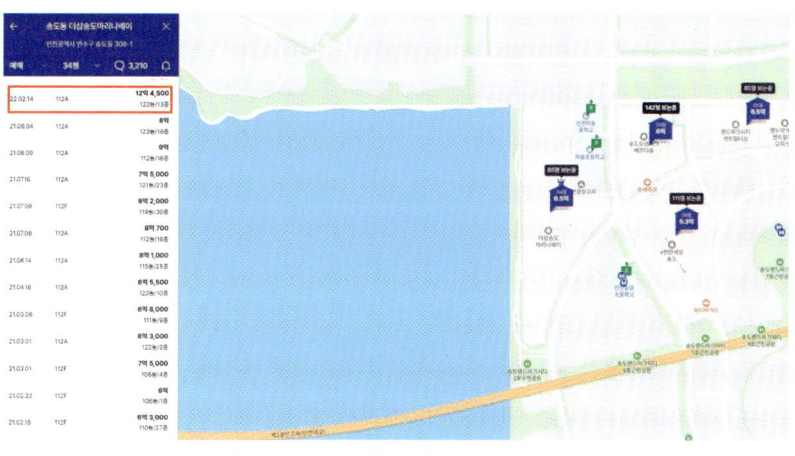

출처 : 호갱노노

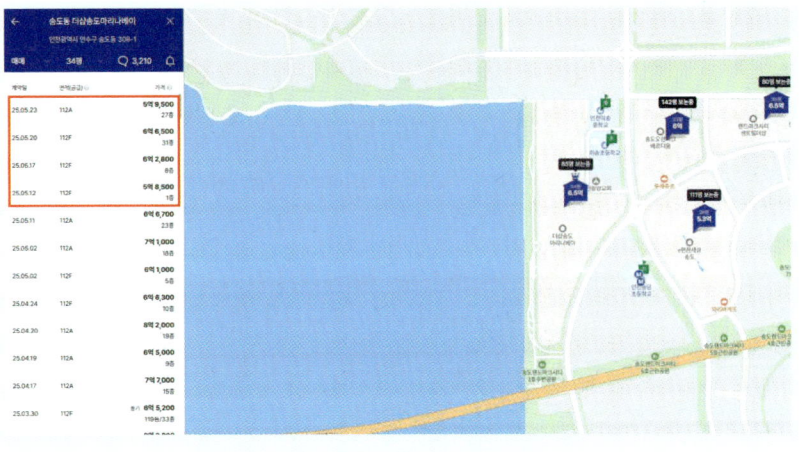

출처 : 호갱노노

인천 송도 신도시의 한 아파트다. 부동산 불장 마지막에 12억 원에 거래된 아파트인데 현재 6억 원에 거래되고 있다. 심지어 저층은 5억 원대에 거래가 되고 있다. 이런 상황에서 2배 가까이 상승해야 12억 원의 가격을 회복할 수 있다. 이런 일이 일어나기 쉬울까? 안타깝게도 매우 힘들다고 생각한다.

지도를 통해서 주변 환경을 보고 이유를 판단해보자. 단순하게 이 아파트 하나만 보면 너무 좋아보인다. 바다도 보이고 신축에 균질하게 아파트가 몰려 있고 공원도 있어서 2022년 불장 때만 해도 2년 차 신축 아파트로 너무 매력적이었을 것이다. 하지만 이제 이 아파트는 6년 차에 접어들었고 점점 구축이 되어간다. 이번에는 조금 더 넓게 살펴보자.

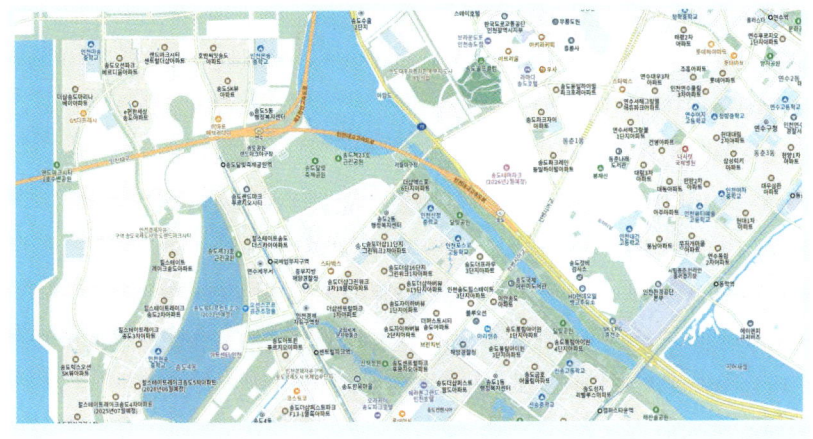

출처 : 카카오맵

　주변에 학교도 있고 아파트도 많지만 그게 전부다. 편의시설은 눈을 씻고 찾아봐도 없고 수도권에서 가장 중요한 지하철은 어디 있는지 보이지도 않는다. 더욱이 주변에는 빈 땅이 정말 많다. 그 빈 땅에는 무엇이 생길까? 식상이 들어실까? 집을 지을까? 모두기 다 알 것이다. 새로운 아파트를 지을 땅이라는 것을 말이다. 그럼 여기에 새로운 아파트가 생긴다면 새로운 집의 가격이 오를까? 기존의 집들이 가격이 오를까? 답은 말하지 않아도 알 것이다. 송도는 살기 좋은 곳이라고들 하지만 안타깝게도 그런 살기 좋은 환경은 아래 쪽에 몰려 있다. 물론 차로 이동도 할 수 있고 거리상으로 멀지는 않지만, 사람의 마음은 가깝고 편리한 것을 좋아한다. 차로 이동을 하는 것보다는 걸어서도 금방 갈 수 있는 곳이 더 좋다고 생각한다. 이런 사람의 마음이 반영된 지역이 비싼 것이다. 다음 지도를 통해서 자세히 보면 더 잘 알 수 있다.

PART 1. 부동산 투자에서 임장이 왜 중요한가?

출처 : 카카오맵

출처 : 카카오맵

지적편집도를 보면 앞의 이 단지는 아파트만 있고 상업시설이 하나도 없다. 지적편집도에 중심상업지라고 나온 곳을 로드뷰로 보면 현재 텅 빈 땅으로 되어 있다. 결국 이곳은 개발이 아직 안 된 곳이라는 말이다. 그럼 여기에 사는 사람들은 실제 상가나 식당을 이용하려면 아래의 중심 상업 지구로 내려가야 한다. 더군다나 마리나베이아파트 주변은 아직 아파트가 들어서지도 않은 빈 땅이 매우 넓게 존재한다. 지금처럼 주택 시장 경기가 안 좋을 때에 이곳이 빠른 속도로 개발이 될까? 그 답은 이 책을 보는 많은 분들이 상상하는 대로 쉽지 않아 보인다. 결국 이곳은 점점 구축이 되어갈 것이고 예전의 가격을 회복하기 어려울 것이다. 그럼 이와 반대로 다음의 상업지역은 어떤지 살펴보자.

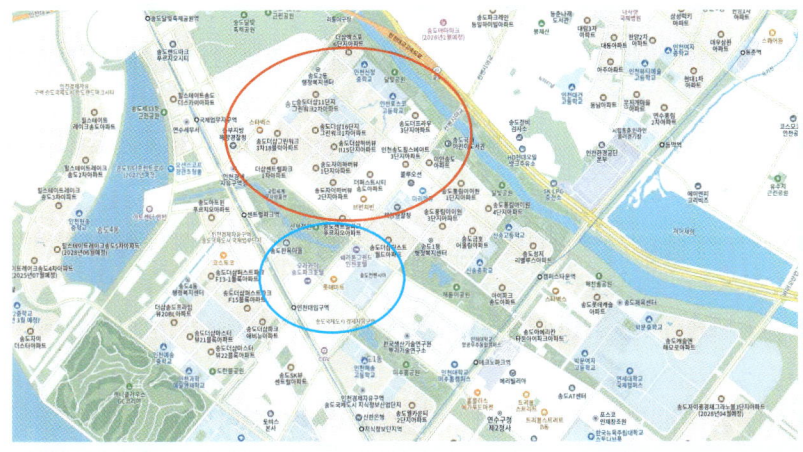

출처 : 카카오맵

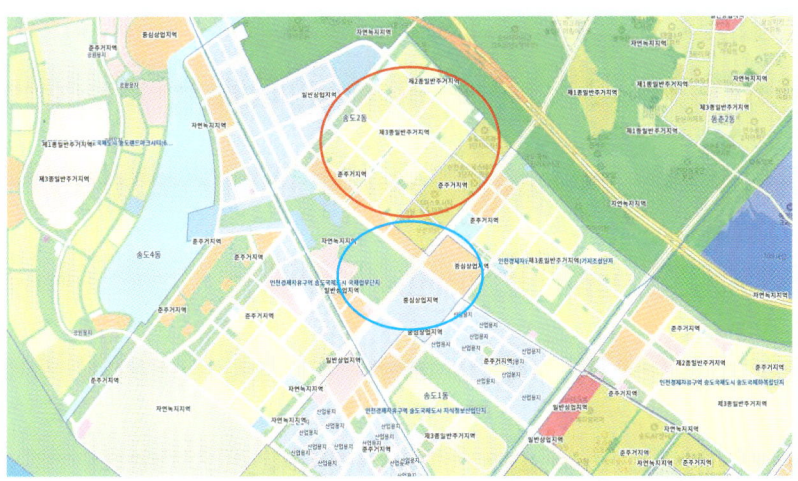

출처 : 카카오맵

PART 1. 부동산 투자에서 임장이 왜 중요한가?   45

출처 : 카카오맵

출처 : 카카오맵

이 주변의 아파트들은 마트나 그 외의 편의시설을 도보로 얼마든지 이용할 수 있다. 더욱이 이미 아파트와 상가가 모두 들어서 있어서 황량하다는 느낌보다는 쾌적하고 살기 좋은 곳으로 보인다. 또한 활용도가 엄청나게 좋은 노선은 아니지만 인천 1호선이 도심을 지나고 있어 서울 경기

지역으로 자차가 아닌 지하철로 출퇴근할 수 있는 장점이 있다. 환경은 기업과 정부가 계획한 대로 만들어진다. 그래서 이런 흐름을 잘 보고 투자를 해야 한다. 그러기 위해서는 앞서 창원의 예에서 강조한 것처럼 단지의 개별 상품성만을 보고 투자할 것이 아니라 주변의 환경까지 모두 살펴 보고 좋은 입지에 투자해야 한다.

분명 송도는 인천에 거주하는 분들의 입장에서 가장 살고 싶은 곳이다. 주변에 대기업이나 산업단지도 많고 좋은 학교도 있다.

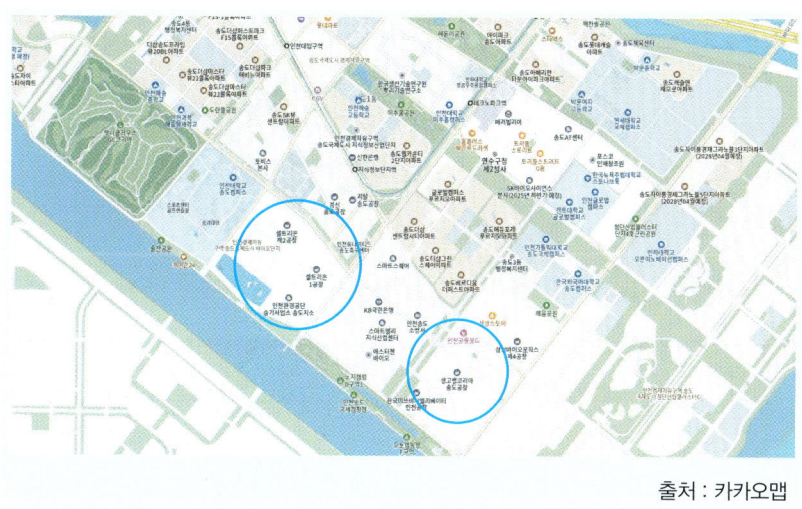

출처 : 카카오맵

한국을 대표하는 바이오기업 셀트리온과 삼성바이오로직스가 송도에 기반을 잡고 있다. 그렇다면 이 곳에서 일을 해야 하는 사람들은 송도에 살아야만 한다. 이처럼 대기업과 좋은 학교가 자리 잡고 있는 곳이라면 살기 좋은 곳이라는 말이다. 하지만 모든 곳이 살기좋은 것은 아님을 우린 살펴볼 수 있었다.

결국 창원도 인천도 내가 사는 곳에서 병원, 식당 같은 편의시설 및 직장에 얼마나 더 빨리 편하게 갈 수 있는가의 문제가 부동산 가격에 반영되는 것이다. 앞에서도 말했지만 임장을 가야 하는 곳은 지방보다 수도권이다. 지방의 경우 부산을 제외하고는 지하철이라는 교통수단이 부동산에 영향을 미치는 경우가 거의 없다. 차로 이동하는 것이 별로 힘들지 않고 학원가, 편의시설 위주로 봐도 시간을 조금만 내면 금방 파악할 수 있다. 하지만 수도권은 지역도 넓고 직장, 지하철, 재개발 및 재건축의 변수가 너무 많아서 임장을 하지 않고는 판단하기가 너무 어렵다.

요즘 온라인 유통의 발달로 마트나 다른 상가들이 예전 같지 않다는 느낌을 많이 받는다. 하지만 아무리 빠른 배송도 내가 필요한 물건이나 서비스를 매번 실시간으로 받을 수 없고 온라인으로 받기 어려운 것을 내가 사는 곳 근처에서 편리하게 이용해야 할 일이 꽤 자주 있다. 그래서 이런 편의시설, 대중교통, 의료 서비스가 거주지 가까이에 있다는 것은 누구나 선호하는 살기 좋은 곳일 수밖에 없다. 이런 것을 보고 투자 대상을 판단해야 앞의 두 사례와 같은 투자 실패를 하지 않을 수 있다.

전국을 다 예로 들 수 없어서 대기업이 자리잡은 도시 두 곳을 예로 들었다. 이처럼 대기업이 자리한 도시임에도 거주지의 위치에 따라 가격의 흐름이 다르게 흘러가는 것을 극명하게 봤다. 한번 더 역설한다. 우리는 투자를 할 때 직접 가서 주변을 보고 판단해야 한다.

부동산 투자에서 가장 큰 성공 요인은 지식이 아니라 실행력이다. 많은 사람들이 다양한 부동산 서적을 읽고, 전문가의 강의를 듣고, 시장 동향을 분석하는 데 많은 시간을 들이지만, 막상 실제로 현장에 나가 투자 결정을 내리는 데는 주저한다.

중요한 아파트 단지에 투자해야 한다는 사실을 머리로는 알고 있으면서도, 순간의 두려움과 주저함 때문에 발걸음을 옮기지 못한다. 결국 실행을 미루다 보면 시장의 흐름에 뒤처지고, 기회를 다른 사람에게 빼앗기게 된다. 부동산 투자는 실제로 가보고 경험해보지 않으면 결코 알 수 없는 영역이다. 직접 현장을 찾아가서 분위기를 느끼고, 다양한 매물을 비교해보며, 전문가와 상담도 해봐야 비로소 시장의 진짜 모습을 체감할 수 있다.

작은 실천부터 시작해야 한다. 처음에는 부담이 되고 두려움이 앞서겠지만, 한 걸음 내디딜 때마다 자신감이 생기고 투자에 대한 통찰도 깊어진다. 결국 실행하는 사람이 기회를 잡고, 시장에서 살아남는다. 머리로만 투자하지 말고 발로 뛰고 행동해야 진짜 부와 성공에 가까워질 수 있다.

부동산은
큰돈을 넣는 것이다

 해외여행을 가본 적이 있는가? 이제는 많이 보편화 되어서 많은 이들이 다녀왔을 것이다. 여행을 떠나는 것은 언제나 설렌다. 하지만 비용과 시간이 많이 들어 부담이 되기에 여행을 가기로 마음먹었다면 여행사 및 항공편, 숙소를 알아보고 일정을 짜는 데 온 힘을 쏟는다. 심지어 30분 단위로 이동하는 동선을 짜기도 하고 잠자는 시간까지 줄여가면서 더 많은 곳을 보려고 애쓴다.

 요즘은 미디어, SNS가 매우 발달해서 그 지역에서 어떤 관광명소를 가야 하고, 어떤 음식을 먹고, 무엇을 쇼핑하기 좋은지 실시간으로 알 수 있다. 그래서 새벽부터 밤늦은 시간까지 계획을 세울 수 있는 것이다. 더욱이 사진을 찍어야 하는 곳까지 정해서 그 곳과 어울리는 옷까지 정하는 열정을 쏟아붓는다. 여기에 더해서 인스타로 사진도 올려야 하기에 사진 찍을 소품도 챙겨야 한다.

 너무 지나친 준비라고 생각되는가? 아니면 해외여행이니까 이 정도의 노력은 해야 한다고 생각하는가? 이에 대한 판단은 각자의 입장이 다르기에 개인의 판단에 맡기겠다. 여행을 하는 것 자체가 나쁜 건 아니니까 말이다. 더욱이 신혼여행 같은 인생에 가장 중요한 여행으로 한정 지으면 이런 시간과 노력의 크기가 더 커질 것이다. 인생에서 가장 중요한 순간이니 말이다.

그런데 결혼에 있어서 신혼여행보다 더 중요한 것이 있다. 바로 집을 구하는 것이다. 주변의 많은 경우를 보니 집을 구하는 데 있어 신혼여행이나 해외여행을 하는 정도의 노력조차도 쏟지 않는다. 직장에서 선배의 조언이나 부동산 커뮤니티에서 나온 정보만으로 집을 고른다. 심지어 신축이면 된다는 생각으로 직장에서도 먼 새 아파트를 고르는 경우도 자주 본다. 여행에 지불하는 가격의 수십수백 배의 돈이 들어가는 중요한 선택인데 많은 이들이 이런 노력을 하지 않는 것이다.

요즘 많은 이들이 좋아하고 타고 싶어하는 자동차 중에 하나인 포르쉐는 고급 모델이 현재 물가를 기준으로 2억 원 정도이고 사치품의 대명사인 롤렉스 시계는 수천만원 한다. 이렇게 사치품들의 가격이 많이 올랐다고 하지만 우리가 살아야 할 집의 가격에 비하면 돈의 규모가 작다. 지방 광역시를 기준으로 한다고 해도 신축 아파트의 경우 평당 분양가가 최소 평당 1,000만 원 이상이다. 그렇다면 $59㎡$ 기준의 아파트를 산다고 해도 최소 2.5억 원에서 3억 원 정도의 돈의 있어야 새 집을 마련할 수 있다는 것이다. 최고 수준의 사치품을 아무리 가져와도 우리가 살아야 하는 집의 가격에 비할 바가 아니다.

사치품을 살 때도 여행 준비 못지 않게 여러 검색을 통해서 최저 가격, 브랜드 내에서도 다양한 조건을 찾아보는 노력을 한다. 하지만 우리는 이런 노력을 부동산을 사는 데 쏟아야 한다. 한 번 정해진 집의 위치를 바꿔서 2년마다 이사를 한다는 것이 생각처럼 쉽지 않고 한 번 잘한 선택이 앞의 사례들처럼 인생을 바꿀 수 있기 때문이다. 직장과의 접근성, 젊은 연령 및 아이들의 비중, 학교 및 지하철, 병원은 가까운지 등의 조건을 여러 가지로 따져보면서 내가 가진 자산의 범위에서 고를 수 있는 가장 좋은 선택을 해야 한다. 이 때 선택을 잘 한 사람은 시간이 지나서 상당히 좋은 결과를 얻고, 잘못 고른 사람은 계속해서 주변과 나라의 탓을 하면서 세상에 대한 불만이 커질 수도 있으니 주의하자!

결혼을 하며 본가 가족으로부터 벗어나 첫 주택을 장만하면서도 맞벌이인 경우 부모님께 육아를 부탁드리느라 근처에 집을 얻는 일이 빈번하다. 그럼 결국 내가 살던 지역을 못 벗어난다. 이미 오랫동안 살았던 지역이라 불편하다고 느끼지 못하고 만족하며 계속 살게 되고 아이들이 학교에 들어가며 10년, 20년을 계속해서 살게 된다. 내가 가진 돈의 전부를 살아왔던 동네에 넣는 것이다. 이때 내가 살던 곳이 서울 핵심지라면 이야기가 달라지겠지만 지방의 소도시거나 지방 광역시라도 외곽에 위치한 곳이라면 이 선택의 결과는 오랜 시간 뒤에 개인의 자산이 역행하거나 좋은 선택을 한 사람과 현격한 차이가 나는 결과로 나타날 것이다.

그렇다. 개인의 인생에 있어서 집을 고른다는 것은 어쩌면 인생을 건 선택이 될 수 있다. 그만큼 신중해야 하고 더욱이 매매로 결정했다면 오랜 시간동안 계획을 짜고 공부하면서 최고의 선택을 할 수 있어야 한다. 명품과 자동차보다 내 인생에 중요한 집이라는 것을 고르는 데 온 정성을 다 해야 하는 것은 당연하다. 웬만한 개인을 기준으로 인생에서 가장 큰 돈을 쓰고, 너무 다른 결과를 얻을 수 있는 것이 주택 구매이기 때문이다.

시간대별로 임장을 가서 실제로 그 집에서 지하철역까지 걸어서 얼마나 걸리는지도 알아보고 주변 환경이 어떤지, 학원과 학교는 가까이 있는지를 직접 가서 보고 판단해야 한다. 지방의 경우 1급지, 2급지의 기준이 명확하게 나눠져 있어서 이런 판단이 생각보다 어렵지 않다. 하지만 서울의 경우 지하철이나 환경 등의 변수가 너무 많아서 지방의 경우보다 10배 이상의 노력을 해야 한다.

내가 좋아하는 부동산 책에 이런 말이 나온다. 구만수 박사가 쓴 《10년 동안 10만 번의 질문을 통해 알게 된 누구나 알고 싶어하는 아파트 투자 방법》(이하 《1010》이라고 부르겠다) 107~108페이지에 나오는 내용이다.

> 경기도에서 서울로 출퇴근하는 직장인들의 현실을 그려낸 드라마 〈나의 해방일지〉에서는 이런 대사들이 나옵니다. "밝을 때 퇴근했는데 밤이야. 저녁이 없어", "막차 시간이 다 되어서", "걔가 경기도를 보고 뭐랬는 줄 아냐? 경기도는 계란 흰자 같대. 서울을 감싸고 있는 계란 흰자" 등 마음을 아리는 대사들이 귀에 꽂힙니다. 관련해서 회자되었던 "경기도민은 인생의 20%를 대중교통에서 보낸다"를 모두 공감하실 텐데요.

국토교통부의 '2020 수도권 대중교통 이용실태'에 따르면, 서울로 대중교통을 이용한 직장인들이 출근에 평균 1시간 27분을 사용한다고 합니다. 인천에서 서울까지는 1시간 30분, 경기도에서 서울까지는 편도 1시간 24분이 소요되고, 평균 대중교통 이동거리는 23.8km로 발표했습니다. 이러한 데이터는 교통카드 사용 결과를 토대로 나온 자료이기 때문에 집과 직장에서 정류장까지 이동하는 시간을 대략 편도 15분정도로 본다면, 왕복 30분에 해당해 이 시간까지 포함해서 출퇴근에 걸리는 시간은 3시간 30분에 육박합니다. 이 또한 평균일 뿐 더 많은 시간을 할애하는 직장인들도 많을 것입니다. 이렇게 출근 시간이 길어지면, 회사에 도착하기도 전에 이미 에너지가 고갈되어버립니다.

모 언론이 직장인에게 한 인터뷰에 따르면 "매일매일이 전쟁이다. 신도림역쯤 가면 몰려드는 인파로 인해 비명이 들린다. 지하철 1호선을 타는 순간 집에 가고 싶다"라고 했습니다. 필자도 예전에 신도림역을 많이 이용했기에 잘 아는 상황입니다. 또한 잡코리아 설문 자료를 보면, 출퇴근길 스트레스 요인 중 거주지역에 따라 스트레스 지수가 달랐는데요. 경기권 직장인들은 회사와 집이 거리가 너무 멀어 피로감이 높았다고 하는 의견이 많았고, 이에 비해 지방 거주 직장인들은 직장과의 거리에 대한 스트레스는 경기권 직장인보다 매우 낮았습니다.

반면에 서울에 거주하고 있는 사람들에 대한 출퇴근 관심도는 언론에서도 그다지 신경 쓰지 않습니다. 그렇습니다. 보통 이렇게 주거공간과 직장이 먼 거리에 있는 사람들의 희망이 가까운 출퇴근 거리입니다 우리는 이를 '직주근접'이라고 부릅니다. 직장과 집이 근거리에 접한다는 뜻입니다. 직장을 집에, 집을 직장에 가까이 두든지 직장을 집 가까이 두든지 해야 하는데 직장은 서울 도심에 많고 서울 도심은 집값이 매우 비쌉니다. 직장이 많은 서울 도심에 집을 사려고 하니 비싸고 내가 사는 집 근처에 직장을 두려고 하니 직장이 없습니다. 그래서 힘든 3시간 30분의 대중교통 출퇴근을 어쩔 수 없이 다닙니다.

언젠가 돈을 벌면 서울 도심 직장 가까운 곳으로 내 집 마련을 하겠다는 것이 경기도에서 서울로 출퇴근하는 직장인들의 각오일것입니다. 주변 지인 중에서 서울에 산다는 사람의 주민등록증을 보면, 서울이 아닌 경기도에 사는 사람들이 많을 것입니다. 그분들은 왜 그렇게 이야기할까요? 당장은 아니지만, 서울에 살고 싶다는 생각이 기본적으로 마음에 자리 잡고 있어서 그럴 것입니다. 이러한 수요들이 바로 서울 주택가격을 떠받치는 대기 수요입니다.

이 글을 읽고 난 후 한동안 사고가 멈췄었다. 나도 비슷한 경험이 있었고 아직도 이런 상황에 처한 사람이 많다는 걸 새삼 다시 확인했기 때문이다. 앞에 내가 든 예시와 《1010》에 나온 내용을 보면 대부분의 사람들이 이런 굴레에서 벗어나지 못하고 소중한 시간을 길에서 보내는 것이 현실이다. 더욱이 출퇴근 시간의 지옥철에서 자기계발을 한다는 건 매우 어려울 것이다. 출퇴근만으로도 너무 힘든데 거기서 책을 읽고 자기계발을 한다? 비현실적이라고 생각한다. 그럼 현실은? 대부분 자거나 유튜브를 보거나 게임을 하면서 시간을 보낼 것이다. 내 소중한 인생의 20%를 길에서 버리는 것이다. 이런 일상을 살지 않기 위해서라도 우리는 임장이라는 현명한 방법을 통해서 내 인생의 이런 마이너스를 줄여야 한다.

사람이라는 존재가 익숙함을 벗어나서 새로운 곳에 가는 것이 얼마나 어려운지 안다. 하지만 돈을 벌겠다는 마음을 가지고 있고 적어도 나의 가족, 자녀가 나와 같이 인생의 많은 부분을 길에서 보내는 것을 바라지 않는다면 내 생에 가장 큰돈을 넣는 주택 구매에 내가 이제까지 살아온 인생에서 가장 큰 노력과 시간을 쏟아야 한다. 그렇지 않으면 나와 가족의 삶이 여전히 그대로일 것이다.

그럼 도대체 어떻게 해야 하는 것일까? 일반적인 사람들의 기준으로 인생에 있어 가장 큰돈을 넣는 것이 부동산이라는 것부터 받아들여야 한다. 그리고 이 대상에 나의 돈을 넣을 때 해외여행을 가거나 명품을 살 때보다 더 많은 노력과 시간을 들여야 한다. 적어도 여행계획표나 가격비교표보다는 훨씬 더 많은 보고서를 써서 왜 내가 이곳에 살아야 하는지 스스로를 납득시켜야 한다. 다니는 직장도 있고 가족도 있다보니 주말마다 부동산을 공부하느라 시간을 내는 것이 얼마나 어려운 건지 알지만 안락한 삶을 원하지 않는가.

일반인에게 요즘 한달에 저축을 얼마나 할 수 있냐고 물어보면 100만원 이상 저축하기 어렵다고 할 것이다. 핸드폰, 넷플릭스, 유튜브 프리미엄 등 자는 동안에도 돈이 자동적으로 나가는 것이 너무 많기 때문이다.

그럼 이와 반대로 2억 원 하는 집에 살고 싶냐고 물어보면 대부분 그건 싫다고 말한다. 그런데, 이걸 아는가? 매월 350만 원씩 한 푼도 안 쓰고 모아서 60개월을 채워야 겨우 원금이 2.1억 원이 된다. 이자는 상황에 따라 다르니 제외하고 원금만 생각하자면 2억 원이라는 돈을 모으는 데 그만큼 어렵고 시간도 많이 걸린다. 집은 언제나 비쌌다. 조선시대에도 지금도 집을 사는 건 쉽지 않은 일이다. 그래서 우리가 가진 에너지 중 가장 많은 양을 쏟아야 하는데 많은 이들이 그렇게 하지 않는다. 그래서 임장을 하기 전에 부동산을 대하는 마음가짐을 하나 가져야 한다면 내가 살 집을 고르는 건 내가 가진 인생에서 가장 큰돈을 넣는 것이고 그것으로 인해서 나의 미래가 바뀔 수 있다는 것을 인식하는 것부터 받아들여야 한다.

'임장을 해야 한다', '직접 가보고 판단해야 한다' 등 다들 말들은 많이 하지만 어디를 가서 무엇을 봐야 하는지, 무엇과 어떻게 비교를 해야 하는지, 또 본인들은 어떻게 했는지 사실적이고 구체적인 방법은 알려주지 않고 무조건 임장만 가라고 한다. 이런 상황에서 필자는 누군가 방법과 해결책을 주기만을 바랄 수는 없었다. 그래서 직접 발로 걷고 눈으로 보면서 배웠다. 그래서 이제부터 그동안 참 많이 답답했을 여러분들께 임장은 어떻게 하고 무엇을 비교하는지, 임장 수단은 어떤 것이 적합한지까지 자세하게 알려주려 한다.

부동산 투자는 마치 씨앗을 심어 천천히 자라는 나무를 돌보는 일과 같다. 처음에는 물을 주고 햇빛을 보여줘도 겉으로는 별다른 변화가 없다. 어느 순간부터는 흙 위로 새싹이 올라오긴 하지만, 여전히 원하는 크기의 나무가 되기까지는 많은 시간이 필요하다. 이때 많은 사람들이 싹이 자라지 않는다고 실망하거나 돌보는 일을 멈춘다.

꾸준히 쌓아온 습관이 당장 눈에 띄는 결과로 이어지지 않더라도, 그 과정은 결코 헛된 것이 아니다. 정보 하나를 정리하고, 시장 상황을 살피고, 물건을 둘러보는 반복적인 활동들이 겉으로는 변화를 주지 않는 것처럼 보여도, 그 안에서 투자자로서의 시야와 감각이 자라고 있다.

이처럼 부동산 투자 실력도 서서히 자란다. 시간을 들여 시장을 관찰하고, 작은 실천을 반복하고, 꾸준히 공부해온 것들이 어느 순간 뿌리를 내리고, 단단한 줄기가 되어 돌아온다. 중요한 것은 그 성장의 시기를 조급하게 바라보지 않고, 포기하지 않고 돌보며 기다리는 일이다. 변화를 체감하지 못하는 시간까지도 견뎌낼 수 있을 때, 마침내 눈에 보이는 성과가 따라온다.

PART 2

어떻게
임장하는가?

모두가 임장이라는 것을 막막해 한다. 해본 적도 없고 자세하게 가르쳐주는 곳도 없다. 막상 부동산에 관심이 생긴 후 여기저기서 다양한 이야기를 듣다 보면 투자도 해봐야 할 것 같고 결혼이 다가오면 좋은 집도 사야 할 것 같고 오만 가지 생각이 든다. 그렇게 우왕좌왕하다가 처음으로 찾아보는 게 유튜브일 것이다. 유튜브에서 부동산 관련 영상을 보면 '임장이 제일 중요하다', '임장을 해봐야 지역을 알 수 있다'라는 식의 내용은 많지만, 정작 어디로 가서 어떻게 하고 무엇을 봐야 하는지 제대로 알려주는 곳은 거의 없다. 그래서 부동산에 관심이 있는 사람이라면 임장이라는 단어를 들어봤지만, 단어의 의미일 뿐 이것을 어떻게 시작해야 할지 가늠이 안 되었을 것이다. 그렇게 고민하면서 시간을 보내다가 얼마 지나면 언제 내 인생에서 부동산이 중요했는지 잊어버리고 원래의 일상으로 돌아간다. 이 과정이 흔히 우리가 새해에 겪는 작심삼일의 과정과 크게 다르지 않다.

이렇게 임장, 부동산, 투자 같은 개념을 잊어버리고 일상에 젖어서 지내다가 이걸 문득 다시 깨닫는 순간이 온다. 연일 뉴스와 언론에서 전국의 부동산 가격이 들썩거린다는 이야기를 해대고 사무실에서도 모든 직원의 이야기가 부동산으로 쏠리는 바로 그때다.

"○○씨 집이 강남이래." "○○씨 집이 해운대 마린시티래." "○○씨 집이 문수로 아이파크래." "○○씨 집이 봉선동에 제일풍경채래."

그럼 상대적으로 '내가 사는 곳은 어딘가? 나는 그동안 무엇을 했나?' 등의 박탈감이 든다. 다시금 부동산에 관심을 가져보려고 하지만 예전에 내가 부동산에 조금 관심을 보일 때보다 2배 이상 올라간 부동산 가격에 엄두가 나지 않는다. 그러면서 속으로 생각한다.

'그래 내가 무슨 부동산 투자야. 그냥 살던 대로 살고 회사나 열심히 다니자. 오늘 그냥 술 한잔하고 잊어버리자.'

하지만 절대 이래서는 안 된다! 적어도 한 번이라도 임장을 해봤고 아직도 부동산에 관심이 있는 사람이라면 지치지 않고 힘들이지 않고 임장하는 법을 배워서 잠깐씩 시간이 날 때마다 본인에게 맞는 방법으로 임장하고 투자하면 된다. 아직 경험해보지 않은 분들이라면 새로 시작하면 된다. 부동산 투자란 평생동안 일상처럼 해나가는 것이다. 유튜브에서 말하는 경제적 자유를 위해 몇 년만 바짝 해서 끝나는 게임이 아니라는 말이다. 그리고 부동산은 내가 사는 집도 중요하지만, 나중에 세월이 지나면 나의 가족이 살아야 하는 집을 골라야 하는 경우도 발생하고 계속해서 선택이 일어나는 문제다. 잘 배우고 지속적인 관심을 가져야 한다.

그럼에도 불구하고 이를 지속하지 못하거나, 또는 시작조차 못하는 것은 임장 자체를 힘들다고 생각하는 것이 가장 큰 이유다. 하지만 제대로 알고 나면 임장은 그렇게 힘든 것도 아니고 생각보다 어렵지도 않다. 물론 나도 처음에는 막막하고 힘들었다. 아무것도 모를 때는 집 주변을 돌아다니는 데도 온종일이 걸렸다. 무엇을 보고 다녀야 하는지, 방법도 몰라서 무작정 지도를 들고 나가서 걷는 것이 전부였다.

그래서 돈을 내고 부동산 강의를 신청했고, 계단으로 아파트를 올라가면서 층마다 있는 자전거 등의 물건, 아파트 청소 상태를 보고, 지하주차장에 가서 외제 차가 얼마나 있는지, 놀이터가 흙인지 매트인지, 각 동의 현관은 자유출입인지 아닌지, 아파트 입구에 차단기가 있는지, 지하주차장이 연결되어 있는지를 일일이 체크하면서 다녔다. 그 어떤 교통수단을 이용하는 방법은 지양하고, 순수하게 내 발로 걸어다니면서 샅샅이 살펴봐야 한다는 말도 그대로 따랐다. 순진해서인지 바보 같아서인지는 모르겠지만, 그때는 그 말이 진리라고 생각하고 전국 모든 도시를 내가 직접 가보겠다고 생각하고 걸어다녔다.

37도가 넘는 대구의 달서구부터 펑펑 눈이 내리는 관악구, 파주, 운정 신도시, 비가 억수같이 쏟아지는 광주의 봉선동까지 나는 그렇게 무식하고도 처절하게 임장을 했다. 그런데 그렇게 걸어 다니다보니 내가 배운 게 얼마나 바보 같았는지 깨달았다. 사람마다 상황에 맞게 할 수 있는 임장 방법이 있다는 것을 뒤늦게 알게된 것이다.

이제는 내가 몸소 걸어봤고, 깨달았고, 다른 여러 방법을 알았기에 쉽고 빠르게 임장할 수 있는 방법이 얼마든지 있다고 당당하게 말할 수 있다. 나는 어리석은 사람이라 임장 방법을 깨닫는 데 긴 시간이 걸렸지만, 여러분은 다음의 방법으로 효율적으로 임장한다면 한두 달 정도면 임장에 대해서 배우고 익힐 수 있을 것이다. 3시간 정도만 시간을 내어 책을 읽고 밖으로 나가서 1~2시간 정도를 걸어보고, 또 다음을 향해 나간다면 임장이 무엇인지 한눈에 파악하고 스스로 움직일 수 있다고 확신한다.

임장은 주변의 환경을 현장에서 직접 파악하는 과정이기에 너무 세부적으로 볼 필요도 없고 너무 대충 봐도 안 된다. 다만 너무 오래전에 해봐서, 또는 해보지 않아서 처음에는 낯설겠지만 금방 익숙해지고 어렵지 않을 것이다. 그렇지만 무작정 나가서도 안 되기에 지도 또는 웹을 통해서 임장 순서와 방법을 배우고 실천에 옮긴다면 시간과 체력, 비용까지도 효율적으로 쓸 수 있다. 이제 그럼 임장을 어떻게 해야 하는지 단계적으로 알아보자.

임장 지도를 짜보자

 호기로운 마음에 무작정 나가지는 말자! 적어도 내가 둘러볼 길을 알아야 헤매지 않을 수 있기에 임장을 나가기 전에 지도를 열고 임장 지도를 짜는 것이 제일 중요하다.
 필자는 처음에는 임장 지도를 짜는 법을 잘 몰라서 몇 날 며칠을 지도를 짠다고 시간을 보냈다. 심지어 이미지로 저장한 임장 지도를 날려버려서, 새로 짠다고 밤새 다시 만든 적이 한두 번이 아니었다. 그러니 여러분들은 잘 따라 해보도록 하자.
 내가 자주 다니거나 직장을 다니는 길이라면 언제든지 다시 가볼 수 있는 곳이라서 임장 지도를 짜지 않아도 될지 모르지만, 만약에 내가 임장을 떠나는 곳이 낯선 곳이라면 여러 번 그곳을 가기도 어렵고 초행이라 다니며 살펴봤던 것들, 루트 등이 기억이 안 날 수도 있다. 이때 지도를 통해 임장할 곳이 어떤 곳인지 미리 파악하고 간다면 낯선 임장지에 가서도 당황하지 않을 수 있고 다녀와서 지역을 복습하기도 쉽다. 그 예를 이미지로 보면서 이야기를 나누자.

다음 자료는 필자가 첫 지방 임장으로 달서구를 가면서 만들었던 지도다. 같이 살펴보도록 하자.

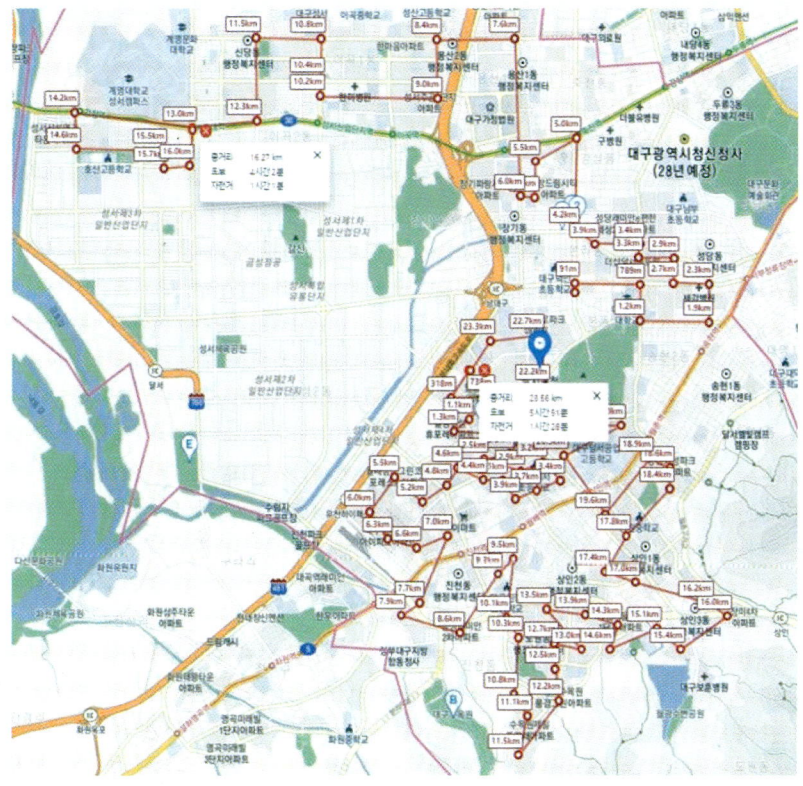

출처 : 카카오맵

PART 2. 어떻게 임장하는가? 67

출처 : 카카오맵

출처 : 카카오맵

68 어디에도 없는 부동산 임장 이야기

출처 : 카카오맵

출처 : 카카오맵

출처 : 카카오맵

달서구는 크기도 크지만, 아파트가 정말 많다. 신월성부터 성서산업 단지까지 아파트가 넘쳐난다. 원래부터 달서구가 사람이 많이 사는 동네이고 구시가지부터 신시가지까지 엄청난 규모다. 정말 어리석게 이때는 아파트 모든 단지를 가야 한다고 생각해서 이렇게 지도에서 보는 것처럼 하나의 단지도 안 빼놓고 아파트 단지 안부터 지하주차장까지 다 가봤다. 심지어 놀이터가 흙인지 아닌지를 보느라 아파트 체크리스트르 수백 장씩 썼다. 참고로 이때가 2021년 8월이었는데 비가 내리다가 해가 뜨고 다시 비가 내리는 등의 변덕스러운 날씨여서 정말 기절한 뻔했다.

다시 한번 강조하지만, 모두가 나처럼 이런 행동을 하지 않기를 바라는 마음에 이 책을 쓰고 있다. 책에서 소개하는 순서대로 과정을 짜고 임장을 하면 적어도 나처럼 비 맞고 발이 부르트고 눈물을 흘리면서 나 자신을 한탄하는 일들은 없을 것이라고 확신한다.

무식한 행동이긴 했지만, 이때 배운 것도 많다. 이렇게 반복적으로 하다 보니 이제는 임장이 어렵다기보다는 나의 일상이 되었고, 지도 없이도 웬만하면 전국을 자유롭게 돌아다닐 수 있게 되었다. 간혹 나의 이런 이야기를 들으면 주변에서 김정호 선생님이 꿈이냐고 물어보는 분들, 왜 그렇게 무식하게 걸어다녔냐고 물어보는 분들도 종종 계셨다.

지금 돌이켜보면 이렇게 끝없이 걸어다녔던 건 모순적이게도 처음에 잘못 배워 걸어야만 했던 임장으로 인해 잃어버린 시간과 자산에 대해서 나 스스로 물어보며 확인하고 싶어서였던 것 같다. 시간이 지나면서 이 방법이 틀렸다는 것을 알게 되어 나의 방법과 원칙을 세워 병행하며 전국을 돌아다니게 된 것이다.

임장 지도를 짤 때 초보자들은 이왕 임장을 시작한 거니 본인이 다니는 길에서 모든 것을 보려고 한다. 하지만 처음 동선을 짤 때는 전부를 보겠다는 욕심은 버리고 간단하고 짧은 동선으로 중심 상권을 지나가는 정도로 임장을 해도 충분하다. 많은 분들이 부동산을 단지의 개별 상품성으로 접근하려고 하는데 그것은 좋지 않다. 부동산을 파악하는 요소는 집의 개별 가치도 중요하지만 임장을 할 때는 주변의 환경부터 파악해야 한다. 그러기 위해서 미리 지도를 통해 어디를 둘러봐야 할지 정해야 한다. 아무래도 낯선 지역을 가면 어디를 가고 어떻게 봐야 할지 모르기에 임장 지도를 짜고 그 동선대로 움직여야 비교적 쉽다.

단순하게 생각하자. 임장 지도는 그냥 내가 돌아다니는 순서를 정하는 것이다. 그럼 어떻게 동선을 짜야 할까? 지도를 바탕으로 어떻게 어디로 갈지를 짜야 순서대로 시간을 줄이고 지도를 짤 수 있을까?

1. 호갱노노를 열자

출처 : 호갱노노

우리는 시간은 적은데 해야 할 일은 많다. 그래서 필자가 했던 방법으로 무작정 전국을 걷고 모든 단지를 전부 볼 수는 없다. 그럴 필요도 없다. 그럼 임장을 시작하기 전에 어디를 가야 할지 기준이 있어야 한다. 필자의 경험으로 볼 때 거래량이 나오지 않는 아파트는 가치가 없다. 그래서 일반적으로 아파트를 보는 기준을 세울 때 호갱노노를 통해서 기준을 잡고 임장 루트를 짜는 것이 좋다. 개인적으로 필자가 세운 기준은 왼쪽의 호갱노노 자료에서 보는 것처럼 면적은 국민 평형 $84㎡$이고, 세대수는 500세대 이상이다.

이왕이면 매매가도 5억 원 이상으로 잡으면 좋다. 너무 싼 아파트는 가치가 떨어지기 때문에 이 정도의 기준을 잡고 아파트를 검색하면 봐야 할 단지나 환경이 많이 추려진다. 서울과 대구의 경우는 100세대 이상의 아파트로 볼 수도 있지만 일반적인 광역시나 도시의 기준으로 본다면 500세대 이상의 아파트를 봐야 한다. 그런 아파트여야 거래량이 나오고 나중에 내가 팔고 싶을 때 팔 수 있기 때문이다.

또한 84㎡를 기준으로 잡은 이유는 다양한 평수에 따라서 가격이 천차만별이기 때문이다. 이 기준으로 지역을 파악한다면 지역의 환경 및 지역 간의 비교가 아니라 상품의 개별성만을 보게 되므로 임장의 목적이 달라질 수 있어 가장 많이 거래되고 가장 선호하는 평형을 기준으로 지역을 바라보는 것이 좋다.

모두가 괜히 국민 평수, 국민 평수 하면서 84㎡를 말하는 것이 아니다. 우리가 접근해야 하는 아파트는 일반적인 사람들이 좋아하는 기준으로 다가가야 투자를 할 기준을 세울 수 있다. 임장을 많이 하고 실력이 쌓이면 더 비싸고 넓은 아파트도 둘러봐야겠지만 지금은 시작 단계이니 대중적인 기준을 잡아 임장하면 좋겠다.

    가격과 세대수의 기준을 세웠다면 이제는 어디서 시작해야 할지 기준을 잡아야 한다.

출처 : 호갱노노

앞의 지도는 해운대구의 지도다. 지도 전반에 가격이 있는 것을 볼 수 있다. (서울·수도권에 관한 이야기는 많은 책에서 다루고 있기에 지방에 거주하거나 지방 부동산을 보는 분들을 위해서 지방으로 예를 많이 들 생각이다. 먼저 지방 주요 임장지에 대한 많은 이야기를 나눈 후 점차 수도권에 관해서 이야기하겠다.)

지방도 역시 임장의 시작은 가능한 한 84㎡를 기준, 가장 비싼 아파트에서 시작하는 것이 좋다. 비싼 지역부터 보고 시작해야 지역 간의 차이, 변화를 느끼기 쉽다. 반대로 그렇지 못한 곳에서 시작한다면 볼 것이 제한적이라 대조군을 세우기가 어려울 수 있기 때문이다. (다음 지도를 손으로 가리고) 앞의 지도에서 가장 비싼 아파트를 찾아보자.

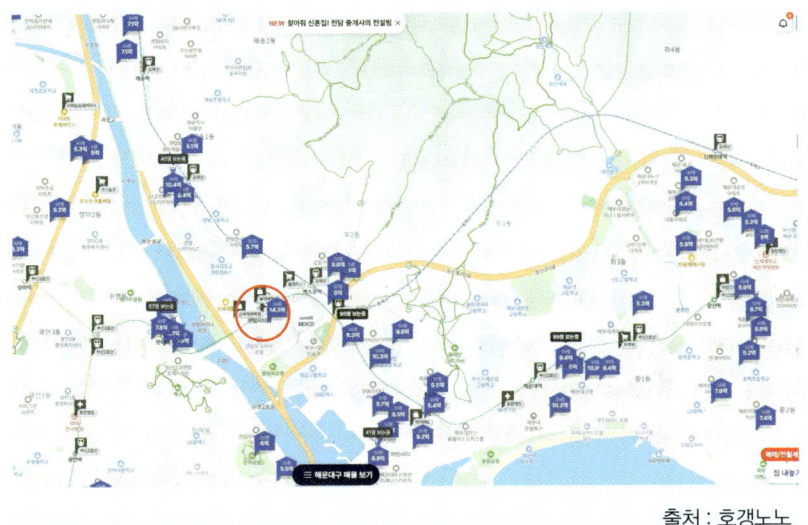

출처 : 호갱노노

가격 1등으로 센텀시티의 아파트를 찾았다면 이곳이 어떤 지역인지 다른 지도를 통해 지역의 특징을 찾아보면 된다. 두 번째로 볼 지도는 카카오맵이다.

2. 카카오맵을 열자

카카오맵을 켜고 우측 상단의 메뉴를 클릭해서 지적편집도를 선택한다. 지적편집도를 봐야 하는 이유는 그 지역이 어떤 곳인지 파악하기 위함인데 지도를 보면 센텀시티 쪽은 빨간색 중에도 더 짙은 빨간색임을 볼 수 있다. 빨간색은 일반 상업지역을 나타내는데 이는 우리가 사용하는 상가나 식당 같은 편의시설이 많은 곳이라는 표시다. 지도로 지역의 쓰임을 봤으면 직접 가서 눈으로 보고 파악하면 된다. 노란색으로 된 곳은 주거

지역이다. 호갱노노 지도와 나란히 두고 노란색만 있는 곳과 빨간색이 섞여 있는 곳의 가격 차이가 어떤지 한눈에 살펴볼 수도 있다.

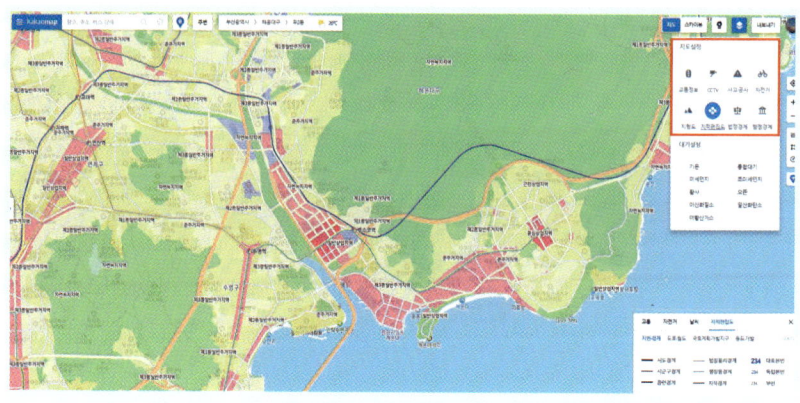

출처 : 카카오맵

호갱노노로 가장 비싼 아파트가 어딘지, 카카오맵으로 땅의 용도까지 파악해서 그 지역이 어떻게 구성되어 있는지 파악했다면 임장의 첫 번째를 전부 다 한 것이다.

그럼 다음은 어디를 어떻게 돌 것인지 동선을 짜면 된다. 카카오맵이 다른 지도에 비해서 지적편집도나 행정구역을 파악하기 쉽게 되어 있다. 거리의 점을 찍으면서 루트를 그리는 것도 다른 지도에 비해서 쉽다. 많은 지도가 비슷한 기능이 있어 여러 지도를 써봤지만, 카카오맵이 아직은 제일 편리했다. 무엇보다 카카오맵이 좋은 또 다른 이유는 로드뷰인데 다른 지도에 비해서 로드뷰를 통해 주변을 보는 것이 아주 편리하다. 이런 이유로 루트를 짤 때는 카카오맵으로 하는 것이 가장 좋다.

3. 가격의 방향대로 움직이면 된다

출처 : 호갱노노

　해운대구 안에서는 15억 원의 센텀시티(센텀시티역)가 최고가이고 다음 가격대인 9~10억 원대를 형성하는 센텀파크(센텀역)가 위쪽에 있다. 해운대 바다 쪽부터 해운대 그린시티(부산광역시 최초의 계획도시이자 신도시로, 장산역을 중심으로 늘어진 타원형의 시가지)까지 방향에도 9~10억 원대의 아파트가 있다. 그럼 단일 가격대로 아파트를 이루고 있는 것을 먼저 보고 비슷한 수준의 9~10억 원대를 보면 두 지역의 비교를 할 수 있다. 필자는 센텀파크 쪽을 먼저 보고 해운대 바닷가 쪽으로 둘러보는 루트를 짜보겠다. 움직이는 동선도 줄이고 해운대 바닷가를 지나서 더 많은 지역을 볼 수 있고 점점 가격대가 낮아지는 것을 경험할 수 있기 때문이다.

출처 : 호갱노노

이런 순서로 루트를 짜야 하는 또 다른 이유는 좋은 곳부터 보면 어느 순간에 동네의 주변 환경이 변화된 것을 느끼며 비싼 동네가 왜 비싼지 다른 동네와의 차이를 알 수 있게 된다. 센텀시티에서 시작해서 센텀파크를 보고 해운대 자이를 넘어서 마린시티로 들어가는 동선을 통해 가격대별로 아파트 가격이 어떻게 형성이 되어 있는지, 환경이 어떻게 바뀌는지 파악해보자. 물론 이런 변화를 한 번에 파악하기는 쉽지 않다. 하고 또 하자. 그럼 보인다.

이런 주변 환경을 생활권이라고 하는데 대체로 도로와 도로를 기점으로 나뉘기도 하고 지하철역이나 사거리 같이 큰 지형 지물을 기점으로 나뉘기도 한다. 지역마다 생활권이 나뉘는 구분을 정확하게 하나의 요소로 말하기는 어렵다. 지역마다 가진 특성도 다르고 도로의 모양이 다르기에 어느 한 가지의 요소로 생활권이 나뉜다고 꼭 집어서 말하기는 어렵기 때문이다. 하지만 지역을 둘러보면 어느 순간 주변의 환경이 바뀌는 느낌을 받는다.

그런데 임장을 처음 하면서 이런 것까지 보려고 하면 오히려 아무것도 못 보게 된다. 그저 앞의 순서대로 지도를 짜서 핸드폰에 넣고 가볍게 움직이면서 주변을 둘러보고, 가격이 이렇다는 느낌만 가져봐도 충분하다. 1번의 방법 호갱노노를 열어 가격을 보고, 2번의 방법 카카오맵으로 주변을 보고, 3번의 방법으로 가격의 순서대로만 움직임을 짜도 충분히 임장의 시작을 한 것이다. 시작이 반이다!

4. 백화점과 학원가를 보자

전국을 다니면 정말 다양한 지역의 다른 모습과 사람들을 보게 되는데 5년간 임장을 하면서 가장 인상 깊었던 것 중의 하나는 대한민국 사람들은 쇼핑을 참 좋아한다는 것이다.

한번은 너무나도 큰 대전 유성구를 임장할 때였는데 시끌벅적해야 할 시내가 한산하기만 했다. 백화점 입점 브랜드들을 볼 겸 안으로 들어가봤더니 강과 공원만 있어 휑했던 밖과는 달리 안은 수많은 사람들로 북적였다. 대전에 여러 백화점이 있지만 신세계백화점이 가장 좋다는 현지인들의 이야기에 둔산동에서 신세계백화점까지의 거리 및 주변의 아파트 가격까지 살펴보니 역시나 근거리의 아파트 가격이 매우 비쌌다. 심지어 다른 지역의 백화점 주변까지 확대해서 찾아봐도 전체 매출과 사치품의 수준이 높은 백화점 주변의 집값이 높았다. 필자가 쇼핑에 관심이 없는 남자인

출처 : 호갱노노

지라 이런 부분이 삶에 얼마나 중요한지 깨닫지 못했지만, 직접 주변을 걷고 안에 들어가보니 백화점이 집값에 미치는 영향도 체감할 수 있었다.

둔산동의 경우 신세계 백화점도 다리 하나만 건너면 갈 수 있고 학원가를 끼고 있어서 대전에서 독보적인 1등의 자리를 차지하고 있다. 대전뿐만 아니라 부산의 해운대도, 창원의 성산구나 천안의 신불당 등 중요한 상권의 핵심은 백화점과 학원가라는 것을 명백하게 보여주고 있다.

대한민국에서 자녀 학업에 대한 열정이 얼마나 높은지는 누구나가 다 아는 사실이다. 자녀의 성공과 직결되는 학원가와 일상생활 및 소비를 편하게 할 수 있는 백화점 등은 부동산가격에 미치는 영향이 엄청나므로 부동산 임장에서 꼭 봐야 할 핵심 요소다.

반면 대구 수성구와 광주 남구의 경우처럼 이런 공식의 일부인 학원가만 있는 경우도 있다. 이처럼 임장에서 지켜봐야 하는 요소가 모든 도시와 모든 상황에 적용이 되는 건 아니다. 하지만 일반적으로 각 지역의 대장 지역에 필수 공식이 학원가와 백화점이기에 꼭 봐야 한다고 강조하는 것이다.

실제로 이 두개의 요소가 함께 있지 않더라도 백화점의 수준은 꼭 봐야 한다. 그 도시가 가진 소비 수준이 얼마나 큰지 알아야 하기 때문이다. 그 도시의 소비 수준이 높다는 것은 그만큼 좋은 집에 살고 싶은 사람들이 많다는 것이고 이런 요소들을 바탕으로 높은 가격의 집값이 형성되는 것이다.

부동산을 단순히 집으로서만 봐서는 안 된다. 임장하면서 느낀 것은 부동산은 심리게임이라는 확신이 들었다. '내가 ○○에 산다. 내가 사는 곳이 ○○이다'와 같은 심리적 만족도가 그 지역의 부동산 가격을 만드는 것이다. 여기에서 자녀교육과 소비라는 부분은 가정을 이루는 구성원들의 심리 중 어쩌면 1, 2위를 다투는 요소일 것이다. 이런 심리가 가격에 반영이 되고 그 지역에 들어오고 싶은 수요가 늘어나는 과정에서 가격이 올라가는 것을 너무 많이 봤다. 이런 이유로 어느 지역을 가든 가격의 순서대로 임장을 하면서 꼭 그 지역의 대장 백화점과 대장 학원가를 가봐야 한다는 것이다.

인간의 심리를 모르고는 절대 부동산을 이해할 수 없다. 나도 처음 부동산 공부를 할 때는 무작정 가격을 외우고 임장만 많이 다니면 되는 줄 알았다. 하지만 부동산은 살아 숨쉬는 생명체와 같다. 50년, 60년이 된 아파트들은 재건축이 되지 않는 반면 지어진 지 얼마 되지 않았지만 구역 지정으로 묶여 재개발이 되는 경우, 심지어 텅 빈 채로 대도시의 어귀에 을씨년스럽게 있는 단지들도 봤다. 마치 탁상행정마냥 실질적인 흐름은 알지 못한 채 책과 검색만으로 찾아보고 오래된 집부터 손을 댈 것이라는 생각하는 것은 심리가 크게 작용하는 부동산 시장에서 큰 의미가 없다.

자, 다시 한번 정리를 해보자. '1. 호갱노노를 열고 가격을 살펴본다. 2. 동시에 카카오맵으로 지적편집도 및 로드뷰로 주변을 본다. 3. 가격의 순서대로 임장 루트를 짠다. 4. 루트 안에 그 지역의 대장 백화점과 핵심 학원가를 넣는다'의 순서다. 이 네 가지 과정이 너무 어려워서 못 할 수준인가? 핸드폰을 사용하고 한글을 깨우친 사람이라면 누구나 할 수 있는 과정이라고 생각한다. 이렇게 네 가지 과정만으로 전국 어디든 임장 루트를 짜 보고 나가서 둘러보기를 반복하다보면 어느 순간 어디가 좋고 어디가 안 좋은지도 한눈에 보이기 시작할 것이다.

이렇게 일정한 순서로 짜는 것은 스스로 기억하기 위함도 있다. 이렇게 직접 임장 루트를 짜고 실제 임장을 가는 과정이 반복되다 보면 점점 익숙해지고 결국에는 어느 순간 반드시 사전 계획을 하지 않더라도 내비게이션만 켜놓고 다니면서 주변을 전부 임장하는 수준에 도달한다. 임장 지도라는 것이 거창한 것이 아니다. 임장 후 둘러봤던 길을 복습하기 위해 미리 걸어갈 길을 짜는 것이다. 공부에도 복습이 있듯이 부동산에도 복습이 필요하다. 언제, 어떤 위치가 투자 가치가 있을지 모르기 때문이다. 공부는 앉아서 할 수 있지만 부동산은 직접 현장으로 가야 하기에 시간과 노력이 많이 든다. 그런 에너지를 그나마 줄이기 위해 임장 지도를 짜는 것이다. 너무 어렵지도 너무 쉽지도 않지만, 이런 과정이 우리에게 정말 필요하고 도움이 되니 내가 사는 주변부터 지도를 짜보면 좋겠다.

임장하기가 막막하다면
내가 사는 곳부터

사람에 따라 '이거를 해서 뭐 어쩌라는 거야?', '그걸 한다고 투자를 할 수 있겠어?' 등의 의문을 가질 수도 있다. 하지만 임장은 투자를 떠나서 적어도 내가 살아야 할 집 하나를 마련하지 않고 살 수 있는 사람은 없기에 내 삶의 터전을 찾는 의미 있는 행동이기도 하다. 매일 텐트를 치고 노숙을 하면서 살 수는 없지 않은가? 자, 지도를 짜는 법까지 알아봤으니 이제 내가 어떻게 임장을 해야 할지 감을 잡아보자.

사회생활을 시작한 사람이라면 직장에서 엄청난 강도의 일을 하고 파김치가 된 날 도시의 불빛들 사이로 끝없이 펼쳐진 집을 보면서 속으로 한 번쯤 이런 생각을 해봤을 것이다.

"와, 이렇게 집이 많은데 왜 내 집은 여기에 없냐?"
"매일 이렇게 야근하고 돈을 버는데 왜 내가 사는 모습은 나아지지 않지?"
"어떻게 해야 직장 근처에 집을 사지?"

"내 아이가 갈 학교는 큰길 건너는 일 없이 가까워야 할 텐데…"

그렇다. 이런 물음에 대한 궁극적인 대답을 찾기 위해서 부동산을 알아야 하고 임장을 통해서 가치를 알아야 한다. 그런 과정을 배우기 위해서 너무 멀리 갈 필요도 없고 너무 많은 시간을 낼 필요도 없다. 그저 내가 이런 과정에 익숙해지는 연습을 하면 된다. 그런 의미에서 내가 사는 주변을 둘러보는 것은 최고의 임장 방법이다.

일반인이 주말에 시간을 내어 내가 사는 곳이 아닌 다른 지역에 가서 임장을 한다는 것이 매우 어렵다는 것을 잘 안다. 바쁜 현대인들로서는 당연한 일이다. 또 가족, 친구 등 함께 해야 하는 시간이 발목을 잡기도 한다.

사람은 본능적으로 혼자서 무엇인가를 하는 데 익숙하지 않다. 함께할 대상을 찾으려 하고, 자연스럽게 무리를 이루려 한다. 하지만 부동산 투자에서도 주말마다 동행자를 찾거나 무리를 만들어 매번 함께 움직이려는 시도는 실제로 쉽지 않고, 결과적으로 몇 번 하지 못한 채 포기하는 경우가 많다.

그러나 시선을 달리해 보면, 우리가 지금 당연하게 여기는 많은 행동도 처음에는 누구나 어색하고 서툴렀던 것들이었다. 지금은 자연스럽게 걷고 말하지만, 처음에는 모두 기고, 옹알이만 하던 시절을 거쳐 오랜 시간이 지나야 익숙해질 수 있었다. 이처럼 시간이 지나고 반복하는 과정 끝에 자연스럽게 뿌리내린 습관들이 지금의 일상이 된 것이다.

임장 역시 마찬가지다. 처음에는 어색하고 두려울 수 있지만, 여러 번 시도하고 실패를 겪어야만 점점 익숙해지고 습관이 된다. 중요한 것은 처음부터 잘하려 하지 말고, 계속 부딪히고 시도하는 과정을 반복하는 것이다. 그렇게 임장을 생활의 일부로 만들면 어느 순간 자연스럽고 익숙해져 전혀 어렵지 않게 할 수 있게 된다. 부동산 투자에서도 이런 작은 습관의 힘이 큰 성장을 가져온다는 점을 잊지 말아야 한다.

앞에서 임장 실패의 가장 큰 원인인 시간과 비용만 줄여도 임장을 습관으로 만드는 데 큰 도움이 된다. 그럼 이런 생각을 해보자. 서울은 상상도 못 할 정도로 화려하고 멋진 도시의 모습이고 부산이나 대구와 같은 지방 광역시는 걸어다니지도 못할 정도의 슬럼가 같은 도시의 모습일까? 아니다. 웬만한 수준의 크기와 인구를 가진 도시의 모습은 규모의 차이가 있지 도시를 구성하는 모습은 비슷한 점이 많다. 그래서 전국 어디든 도시를 돌아다니면 규모의 차이는 있지만 어디가 좋고 어디가 덜 좋은지 금방 파악할 수 있다. 그래서 임장에 익숙해지면 어디든 좋고 그렇지 못한 것을 파악하는 건 그리 어려운 일이 아니다. 시간과 비용을 줄여서 어렵지 않게 할 수 있는 곳에서 많은 연습을 하고 범위를 넓혀보는 방법을 사용해보자.

바로 내가 사는 지역부터 시작해보자. 익숙하니까 혼자 하는 데 큰 두려움이 없다. 얼마든지 실패해도 되고 얼마든지 자주 시도해도 된다. 왜? 하다가 힘들면 바로 집으로 갈 수도 있고 내가 살아온 곳이기에 거침 없이 돌아다니는 것도 부담이 없다. 출퇴근 길에 시간을 내어도 되고 주말에 잠시 운동 삼아 주변을 걸어보면서 어느 아파트가 비싼지 지하철과의 거리는 얼마인지를 여러 번 시도하면서 시행착오를 줄여나갈 수 있을 것이다.

자신이 사는 지역을 당장 벗어나는 게 어려운데 굳이 불가능에 계속 도전하고 좌절하면서 자신을 괴롭히지 않았으면 좋겠다. 이것이 나에게 습관으로 자리 잡을 수 있도록 충분한 시간을 주자. 그리고 내가 사는 지역이나 부근의 도시를 둘러보는 것은 부동산과의 연관성을 떠나서도 나 자신에게 큰 의미가 있다. 나를 둘러싼 환경이 어떤지, 내가 그 안에서 어떻게 살아가는지 객관적으로 살펴볼 기회가 될 수 있기 때문이다.

그리고 왜 본인이 사는 지역부터 임장을 하면 좋은지 필자의 경험을 바탕으로 이야기하자면 임장에 있어 가장 큰 벽은 돈과 시간이다. 부산에 사는 내가 주말 동안 서울을 임장하려고 마음 먹고 매주 걸어서 한 개의 구를 임장한다고 가정해보자. 걸어서 서울 한 개의 구를 보려면 적어도 10시간은 걸어야 전부 다 볼 수 있다. 하루를 꼬박 걸어야 한다는 것이다. 그리고 그 한 개 구를 제대로 보려면 적어도 4번 정도는 가서 임장을 해야 단지와 매물, 중심 상권까지 다 돌아볼 수 있다.

비용을 계산해보자. KTX 왕복 비용이 적어도 11만 원은 들어간다. 거기에 서울에 도착해서 대중교통으로 이동하고 식사를 하는 비용까지 합치면 한 주에 한 번만 임장을 간다고 해도 16만 원 정도의 비용이 든다. 4주를 기준으로 64만 원 정도가 들어가는 일이다. 당장 결과도 나오지 않는 일에 매주, 매달 그런 돈을 쏟아붓고 걸어다니는 일을 누가 할 수 있을까? 간혹 하는 사람들도 있기는 하다. 여러 부동산 강의를 접하다 보면 종종 걸어서 하는 것만이 임장이라고 말하는 이들이 상당히 많이 봤을 것이다.

그럼 가정을 해보겠다. 서울의 경우 서울특별시 전체 구와 주변의 1기 신도시 정도만 돌아봐도 가봐야 할 곳이 30곳은 넘는다. 그럼 한 달에 1개의 지역을 본다고 가정하면 서울을 도는 데만 2년 반이 걸린다. 매달 60~70만 원을 쓰고 3년이 넘는 시간을 돌아다녀야 임장을 마칠 수 있다? 일도 하고 가정도 꾸리고 연애도 하고 살림도 해야 하는데 3~4년을 임장만 한다? 애초에 불가능한 일이지 않겠는가!

그래서 투자할 수 있고, 하고 싶은 지역을 찾아보고 만약 먼 거리에 있다면 먼저 준비운동 한다고 생각하고 내 지역부터 돌아보자. 단계들이 익숙해져야 더 큰 실행에 옮길 수 있기에 너무 처음부터 무리할 필요가 없다. 우리는 고산자 김정호가 아니다. 전국을 발이 부르트게 걸어 다닐 이유도 없고 나의 소중한 시간과 돈을 그렇게 쓰지 말자.

앞에서 이야기한 것을 요약 정리하면 다음과 같다.

- 내가 사는 지역에서 가장 가까운 전철역에서 가장 좋은 아파트까지 거리가 얼마인지?

- 내가 사는 곳에서 마트 또는 백화점까지 걸어서 갈 수 있는지?
- 내가 직장 가는데 시간이 00분 걸린다면 다른 지역은 지도상으로나마 추측을 해보자.
- 아이가 있다면 통학 길의 안전성과 소요 시간, 균질성도 고려하는 것이 좋다.

일상을 살아가며 늘 이런 생각들을 머리에 담아두고 걷고 차를 타면서 주변을 살피며 뭐가 다른지 나의 눈에 들어오기 시작한다면 그것으로 임장의 첫걸음을 뗀 것이다.

내가 좋아하는 노래에 이런 말이 나온다.

DAY 6의 〈Happy〉라는 곡에 나오는 가사다.
'알고리즘엔 잘된 사람만 수도 없이 뜨네요……'

부동산 관련 영상과 글을 보면 온통 잘난 사람들만 뜨니 나 스스로가 부족하고 모자란 사람이라는 생각에 잔뜩 위축된다. 제발 그러지 말자. 대부분 부동산에 대한 고민과 공부도 하지 않고 실천은 더욱 하지 않는다. 그저 내가 사는 주변을 돌아보면서 부동산에 대한 감각을 익히는 것만으로도 아주 훌륭하고 대단한 것이다. 내가 부동산에 관심을 보이니까 성공한 사람만 집약적으로 보이는 것이다. 실제로 부동산 관련 영상이나 책을 찾아보면 같은 사람이 중복해서 나오는 경우가 대부분이라는 것을 알 수 있다. 전국을 다 둘러봤다는데 실제로 그런 사람은 몇 없다. 그리고 그럴 필요도 없다. 이걸로 밥 벌어 먹고살게 아니라면 내가 사는 곳만 둘러보고 내가 사는 지역을 알고 난 후 각자의 사정과 필요에 따라 더 큰 관심을 두기 시작해도 충분하다. 그래서 임장의 시작은 실패에 대한 부담을 안 느껴도 되는 본인이 사는 지역의 어느 곳이라도 좋다고 하는 것이다.

이번에는 금천구 부근에 살고 있다고 가정해보겠다. (특정 지역에 대한 비하가 아니라 객관적인 지역의 급지 순서대로 말하는 것이니 절대로 오해는 하지 않았으면 한다.)

출처 : 호갱노노

같은 금천구인데 어느 곳은 11억 원이고 어느 곳은 5억 원 정도다. 같은 동네에서 2배의 가격 차이가 난다. 실제로 이런 일들이 하급지에서 많이 일어나는데 내가 사는 동네가 금천구라고 가정해보자. 실제로 11억 원 하는 금천롯데캐슬에 가면 왜 비싼지가 느껴진다. 롯데캐슬 주변은 깔끔하다. 그들끼리 사는 느낌으로 단지 안에서 웬만한 것은 해결이 되는 대단지로 구성이 되어 있지만, 그 주변을 벗어나면 다른 세상이 펼쳐진다.

하지만 이와 반대로 관악벽산타운은 같은 1,000세대 이상의 대단지이지만 가격이 절반이다. 경사가 심하고 구축이고 단지 내 상가가 빈약하다는 느낌이다. 체감상으로 지하철도 상당히 멀다는 느낌을 준다. 그럼 우리가 이 지역을 돌아보고 가격을 안다면 이런 가정을 해볼 수 있다. '아. 대단지라도 구축이면 가격이 내려가는 건 맞지만 역세권이고 아니고의 차이와 편리성의 차이가 2배라는 가격 차이를 만드는구나. 그럼 다른 지역도 이런 차이가 나는 걸까?'와 같은 합리적인 의심을 해보면서 내가 사는 지역 내에서 가격의 차이를 만드는 요소가 무엇인지 스스로 판단하고 느끼는 것이다.

첫날에 금천롯데캐슬을 보고 힘들어서 지치고 춥거나 덥다면 바로 집으로 가면 된다. 내가 사는 곳 주변이니까 말이다. 그리고 다음 날 다시 나가서 관악벽산타운을 둘러보면 된다. 이렇게 지역 내에서 가격의 차이를 만드는 요소를 알고난 후 다른 지역으로 확대해보면 된다. 여기만 이럴 것이라고? 아니다. 이건 내가 다니면서 온몸으로 배운 것이라 전국 어디를 가나 통용되는 것이다. 그래서 임장이 부담스럽고 힘들다면 굳이 멀리 가서 뭔가를 해보려 하지 말고 내가 사는 지역에서 가격의 변화를 느낄 정도로 돌아다니기만 해도 충분하다.

자꾸 새것이라서 비싸고 구축이라서 싸다는 1차원적인 시각을 버려야 한다. 오래되어 가치가 없다면 은마아파트나 압구정 현대아파트는 왜 비싸단 말인가? 이런 것의 차이를 알아내는 것이 임장이므로 처음부터 무리해서 다른 지역을 갈 이유가 없다는 말이다.

좋은 곳에서
나쁜 곳으로

임장을 어느 지점에서 시작해야 할지 막막한 경우도 많다. 경험해보지 않았기에 어떤 경로로 돌아다니는 것이 좋을지 고민이 많아지는 것이 사실이다. 부동산 임장을 하다 보면 생각보다 시간이 오래 걸리고 집중하다 보면 언제 이렇게 시간이 많이 갔는지 모를 때가 있다. 늦은 시간이 되어서 어두워지기도 하고 생각보다 교통이 불편한 곳으로 갈 때가 있다.

그럼 처음부터 난이도가 높은 곳에서 시작해서 좋은 곳으로 가는 게 좋을까? 아니면 이와 반대로 처음부터 편안한 곳에서 시작하는 것이 좋을까? 임장을 잘하든 못하든 시작은 밝고 환하고 좋은 곳부터 시작하는 것이 좋다. 앞에서 기준을 잡아준 것처럼 가격의 이동이 될 수도 있고 중심 상권이 있는 곳일 수도 있다. 대체로 내가 시작하는 곳까지 접근하기 좋은 곳은 대부분 부동산의 가격이 비싼 곳이다. 교통이 좋아서 그럴 것이다. 그렇게 시작을 편하게 해야 돌아다니는 것도 하고 싶다는 생각이 들고 해볼 만하다고 느껴지지 처음부터 언덕이 너무 심해서 올라갈 엄두조차 나지 않는 곳에서 시작하면 출발부터 실패로 이어질 확률이 높아진다.

그래서 이왕이면 좋은 곳에서 임장을 시작하는 것이 좋다. 물리적, 심리적 제한 등을 따지지 않고 임장의 시작을 어디서부터 하면 가장 좋은지 나에게 물어본다면 솔직하게 강남구 압구정동에 가서 왜 거기가 비싼지부터 알고 오면 좋겠다고 말하고 싶다. 왜 그래야 하냐면 그렇게나 오래된 아파트가 왜 비싼지부터 알아야 진짜 입지가 무엇인지 알 수 있기 때문이다.

필자도 사실 강남으로 처음 임장을 갔을 때 머리가 너무 아팠다. 썩어 간다는 표현을 쓸 정도의 복도식 아파트에 주차는 할 곳도 없고 주변 상가마저 너무 낡아서 이게 왜 대한민국에서 가장 비싼 아파트인지 너무 궁금했다. 심지어 엘리베이터가 없거나 3층까지는 엘리베이터가 운행하지 않는 동도 있다. (물론 신현대 아파트는 그렇지 않다.) 그래서 그 가격을 만드는 차이가 무엇인지 너무 궁금해서 어렵게 일주일 동안 시간을 내서 강남구 전역을 샅샅이 돌아다녔고 결국 알 수 있었다.

입지가 주는 우월성과 부자가 사는 동네라는 프라이드가 그 가격을 만드는 것이었다. 지방도 마찬가지다. 실제로 수성구와 울산 남구를 가면 이게 왜 가장 비싼 아파트인지 헷갈리는 상황이 온다. 그런데 그곳에 가서 실제로 돌아보고 주변을 지나가는 사람을 보면서 그 지역이 어떤 곳인지 이해가 되면서 그 지역의 가격을 이해하게 된다. 그래서 특정 지역을 이해하려면 좋은 곳에서 시작해서 덜 좋은 지역으로 이동해야 가격의 변화를 만드는 차이를 스스로 깨달을 수 있다. 이건 금천구도 마찬가지다. 내가 금천구를 벗어나고 싶지 않고, 금천롯데캐슬로 못 간다면 어느 곳이 금천롯데캐슬만큼 좋아질지를 파악하기 위해 그 주변에서 앞으로 발전 가능성이 있는 곳을 찾아봐야 한다. 좋은 곳부터 안 좋은 곳으로 살펴보라는 것이다. 이건 전국 어디든 마찬가지다. 대전이든 대구든 인천이든 광주든 무조건 좋은 곳에서 덜 좋은 곳으로 이동하는 동선을 짜야 한다. 그래야 지역의 변화와 지역과 지역을 가르는 기준을 볼 수 있다.

쉽게 예를 들어서 부산에서 지역의 변화를 느끼려면 차를 타고 광안대교부터 을숙도대교까지 한방에 이어지는 부산의 바다 뷰 다리를 타면서 주변 환경의 변화를 느끼면 지역의 가치가 달라지는 걸 한 번에 볼 수 있다.

물론 이렇게 글로만 읽어서는 그 변화를 알 수 없지만 실제로 주변을 보면서 이걸 경험해보면 지역의 가치를 나누는 기준이 무엇인지 시간을 많이 들이지 않고 알 수 있다. 그런데 참 이상한 것이 사람의 심리가 좋은 것에서 안 좋은 것으로 변하는 건 빨리 파악하지만, 계속 안 좋은 곳에 있다가 좋은 곳으로 가면 그 변화를 빨리 눈치채기가 어렵다. 체력도 떨어지고 집중력이 떨어지기 때문이다. 그래서 계속 반복해서 강조하는 것이 좋은 곳에서 덜 좋은 곳으로 이동하라는 말이다. 그럼 이 부분을 내가 사는 지역에서 어떻게 적용하는지 구체적으로 이야기해보겠다.

사는 지역에서
가장 좋은 곳부터 가자

앞에서 했던 이야기를 각자가 사는 지역으로 가지고 와서 적용해보자. 그리 어렵지 않고 순서대로만 한다면 누구나 할 수 있다. 부산의 수영구를 예로 들어보자.

출처 : 호갱노노

부산의 수영구 지도다. 두 개의 원 안에 각각 왕관이 있다. 하나의 행정구 안에서 둘 다 왕관을 쓰고 있다. 가격의 차이는 있지만, 어느 것이 더 좋은지 헷갈린다. 그리고 왕관을 쓰고 있는 아래쪽의 아파트 앞에 부동산에 관심이 있는 사람이라면 누구나 들어봤을 삼익비치 아파트도 보인다. 이럴 때 우리는 흔히 말하는 멘붕이 온다. 사실 이런 경우에는 어느 곳에서 시작해도 무방하지만 쉽게 생각하면 현재 가격이 제일 높은 곳부터 시작하면 된다. 부동산은 살아 있는 생물 같은 존재지만 사람이 사용하는 재화의 일종이다. 비싸다는 것은 결국 사람들이 가지고 싶어 하는 마음이 큰 것이라고 느끼면 된다. 그럼 나머지 동선은 어떻게 짜야 할까?

출처 : 호갱노노

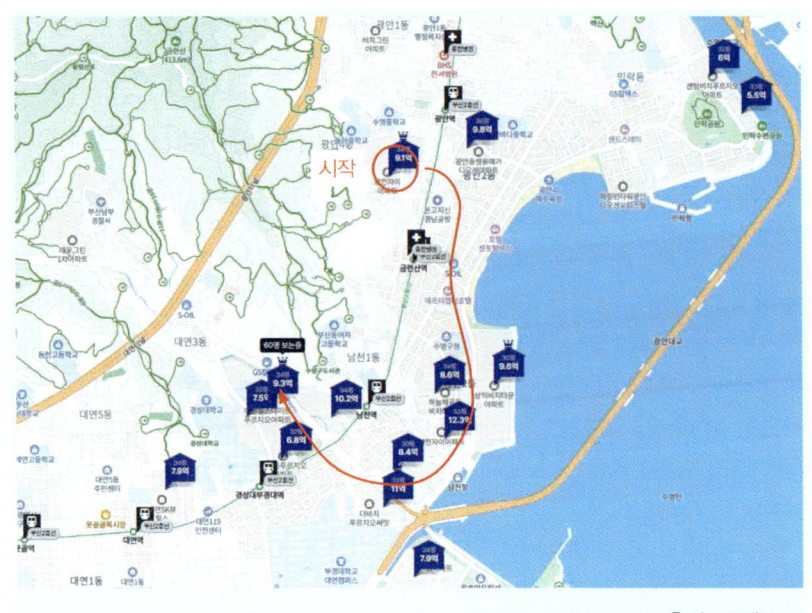

출처 : 호갱노노

　나중에 임장이 익숙해지면 어디서든 시작해도 상관없지만 처음 시작할 때는 이렇게 왕관을 쓴 아파트에서 시작해야 기억하기도 복기하기도 좋다.
　그런데 여기서 지역 차에서 오는 문제가 생긴다. 앞의 예시들에서 '지적 편집도를 봐라', '백화점을 봐라', '상권을 지나가라'라고 했다. 그런데 서울·수도권은 지역이 크고 사람이 많아서 이 룰이 적용되는 곳이 많지만, 지방의 경우는 백화점의 수가 1개이거나 2개인 곳도 많고 학군지가 적다. 그럼 이럴 때는 어떻게 임장을 하라는 것일까?

　이럴 때는 굳이 그런 요소를 찾으려고 하지 말고 사람들이 몰리는 아파트 즉, 대장단지 주변의 환경을 보면서 어떤 상가가 입점해 있는지 보면서 넘어가도 충분하다.

사실 부산을 예로 든 이유가 부산은 딱히 학군지라고 짚어서 말할 만한 곳이 없어서다. 규모 면에서도 그렇고 교육열이 다른 지방과 비교해서도 높지가 않다. 대장인 해운대를 제외하면 백화점이 있는 곳도 센텀시티와 서면 두 곳뿐이다. 이런 상황에서 백화점이나 학원가를 보라는 논리로 임장을 접근하면 부산의 특징을 파악하기가 어렵다. 그래서 이런 도시의 경우 가격을 보고 그 주변을 이루는 사람과 환경을 보고 지역을 판단하는 것이 좋다.

어느 경우라도 변함없는 것은 좋은 곳에서 덜 좋은 곳으로 가라는 것이다. 그리고 앞의 말을 하기 전에 꼭 하고 싶은 말이 있다. 인구가 줄어들어 지방은 가치가 없다고 말하는 이들이 있는데 실제로 전국을 다 돌아다녀 보니 그 말은 맞는 말이다. 하지만 외국인의 유입이 많아지고 있고 지방이라 하더라도 지방의 거점이 되는 도시는 살아남을 수밖에 없다. 지방도 역시 내가 사는 동네에서 제일 좋은 곳을 찾아보고 내가 사는 지역 내에서 좋은 지역과 안 좋은 지역을 비교하는 것은 우리가 투자지와 거주지를 결정하는 것에 큰 의미가 있다.

계속해서 이어나가 보자. 부산의 경우 해수동(해운대구 수영구 동래구 : 이하 해수동이라고 명칭하겠다)이라는 지역이 부동산의 선두주자로 자리 잡고 있다. 하지만 부산에 살고 있다고 해서 모두가 해수동에 살 수는 없다. 이처럼 부산의 다른 지역 분들은 "내가 사는 지역에 학원가도 적고 백화점도 없는데 임장을 어떻게 하라는 말이냐?" 하고 질문할 수 있다. 그럴 때는 어떻게 좋은 곳에서 덜 좋은 곳으로 임장을 하면 좋을지도 살펴보도록 하자.

출처 : 호갱노노

앞의 지도는 부산의 화명동이라는 곳이다. 왕관을 통해 이 지역의 대장 아파트를 알 수 있다. 심지어 역세권이다. 다른 지방 광역시와 달리 부산의 경우 지하철의 의미가 큰 도시라 역세권에 대단지 대장 아파트는 큰 의미가 있는 단지라고 볼 수 있다. 화명동이 부산에서 상급지가 아니라는 것을 기억하고 다른 지역과 비교를 할 때 상급지에서 이와 비슷한 가격의 아파트를 찾아보고 각각의 환경을 비교해보면 된다.

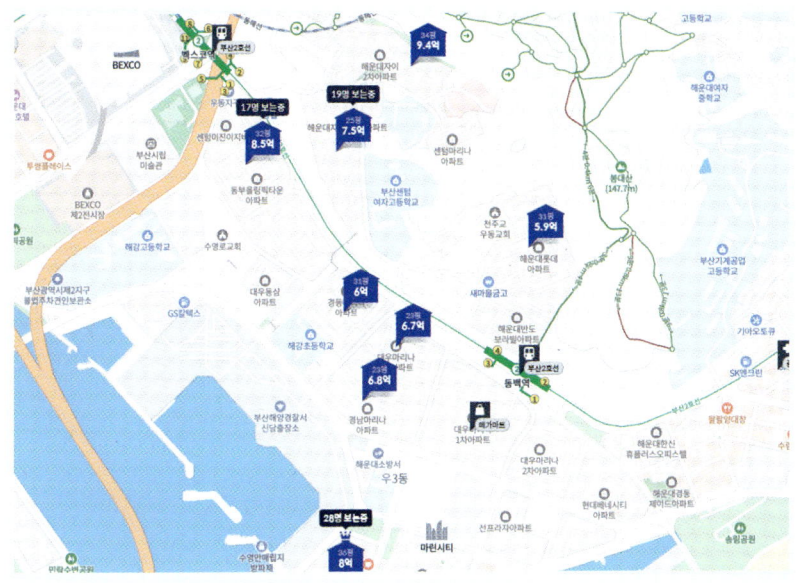

출처 : 호갱노노

앞의 지도는 해운대구 주변의 아파트다. 비슷한 가격대를 보니 평수가 아주 작아지는 것을 볼 수 있다. 가격은 비슷하지만, 평수가 작아졌다는 것을 보고 해운대구의 땅값이 북구 화명동보다 비싸다는 것을 알 수 있다. 즉, 내가 사는 곳이 상급지가 아닐 경우 내가 사는 지역의 아파트 가격과 비슷한 가격대의 아파트를 상급지에서 찾아보고 평수와 환경을 비교해본다. 그 후 내가 사는 곳의 대장 아파트와 주변을 둘러본 다음에 상급지로 가서 대상 아파트와 주변을 보고 서로 비교해보면 된다. 각각의 지역에서 가격이 주는 환경의 수준이 어떤지 직접 느껴보고 같은 가격대의 다른 지역을 비교해보면서 내가 같은 돈이라면 어떤 지역에 투자할지 고민해보면서 부동산에 대한 시각을 넓혀가면 된다.

실제로 화명동을 가보면 살기에 엄청 좋은 곳이다. 지하철역도 가깝고 낙동강변에 있어서 공원이나 편의시설도 잘 갖춰진 곳이다. 하지만 부산에서 나름 고소득을 가지는 금융권 회사나 상업시설이 전부 서면을 기점으로 동부산에 몰려 있고 부산이 산업 도시가 아니다 보니 편의시설이 몰린 곳의 집값이 비싸다. 더욱이 부산은 다른 도시와 달리 바다라는 공간을 직접 즐기는 지역이기에 바다 생활권 중에서 도보로 그 바다를 이용할 수 있는 지역을 선호하게 된다. 이렇듯 가격 간의 비교를 할 때는 개별 매물로의 상태를 비교하는 게 아니라 지역 특성과 주변의 환경이 주는 차이를 알아야 한다.

이렇게 이야기를 듣고 보면 모든 지역을 다 임장해봐야 그 다른 특징들을 모두 알 것 같은 생각이 든다. 하지만 그건 부동산을 전문으로 하는 강사나 전문가가 하는 영역이기에 내가 사는 지역에서 좋은 곳으로 갈아타기를 하거나 실제로 좋은 곳에 투자를 원하는 일반인의 입장이라면 이 정도 방법과 범위로 임장을 하는 것만으로도 충분하다. 그럼 이제까지 이야기한 임장을 실전에서 어떻게 적용해 나가는지에 대해서 구체적으로 이야기해보겠다.

부동산 투자로 부를 이루고 싶다면, 남들과 같은 방식으로 소비하고 살아가면서는 결코 경제적으로 달라질 수 없다. 입을 것 다 입고, 먹을 것 다 먹고, 놀 것 다 누리면서도 남들보다 빨리 부자가 되길 바라는 건 현실적으로 어렵다. 지금 잠깐의 과시와 만족보다는, 훗날 돈 걱정 없이 편안하게 살아갈 수 있는 기반을 만드는 것이 훨씬 중요하다.

불필요한 과시욕을 버리는 것만으로도 부자가 되는 길에 한 걸음 더 가까워질 수 있다. 불필요한 소비를 줄이고 자산을 만드는 데 집중한다면 남들보다 훨씬 빠르게 경제적 여유를 가질 수 있다.

진정한 부자는 남 앞에서 자신의 부를 자랑하지 않는다. 오히려 자신이 가진 것을 지키고 보호하기 위해 조용히 움직인다. 괜한 과시는 타인의 시선을 끌고, 때로는 불필요한 관심과 위험을 불러올 수 있기 때문이다.

부동산 투자도 마찬가지다. 시장을 꾸준히 살피고, 자산을 차곡차곡 모아가는 사람이 결국 장기적으로 더 나은 결과를 맞이한다. 보여주기 위한 소비가 아닌, 미래를 위한 준비에 집중할 때, 그 선택은 시간이 지나 분명한 차이를 만들어낸다.

PART 3

실전 임장

사전 준비를 잘해놓고도 임장이라는 것을 하려고 막상 밖으로 나가면 무엇부터 해야 할지 막막하다. 걸어야 할지 운전을 해서 가야 할지 대중교통을 이용해야 할지 여러 가지로 고민이 될 것이다. 정말 초보자라면 내가 임장할 지역으로 가서 5~7㎞ 정도의 거리를 걸어보면 된다. 그럼 이때 생각지도 못하게 걷는 경험을 하기에 몸이 아주 힘들 수 있다. 팁을 하나 드리자면 개인적으로 수도 없이 많은 운동화가 걸레짝이 될 때까지 걸어본 사람으로서 '호카의 오네오네'나 '스케쳐스의 고워크'를 추천한다. 수많은 신발을 신고 발이 정말 너덜너덜해질 때까지 걸어봤지만 이 두 신발이 임장에 있어서는 최고의 신발이라고 생각한다. 처음에는 아무 생각이 없이 평소에 신던 아무 운동화나 신고 임장을 다녔지만 30㎞ 이상을 걷고 전국을 돌아다니는 시간이 늘어나면서 발에 많은 무리가 왔고 물집과 발목 부상을 수시로 안고 다녔다. 임장을 다니는 비용이 만만치 않았기에 몸만 잘 버티면 아무 운동화나 신어도 된다고 생각하고 나를 혹사시킨 것이었다. 하지만 대구 수성구를 임장할 때 결국 걷지도 못할 상황까지 몸에 무리가 왔고 그때 여기저기 수소문해서 호카와 스케쳐스 두 개의 브랜드 운동화를 알게 되었다.

　물론 두 브랜드의 신발이 저렴하다고 보기는 어렵다. 하지만 내가 망가지면 부동산 투자든 돈을 버는 것이든 아무 의미가 없기 때문에 큰마음을 먹고 신발을 구매했다. 물론 나처럼 이렇게 걸으라는 의미는 아니다. 하지만 혹여 시도를 해보고 싶은 마음이 있는 분들에게 미리 안내하자면 장거리로 많이 걸을 생각이라면 호카를, 5㎞ 내외의 가벼운 임장을 하려면 스케쳐스를 신으면 좋겠다. 내가 애용하는 고워크의 경우 슬립온으로 된 신발이라서 신발끈이 없는 모델이다. 신고 벗기도 편하고 일상에서 신기에도 좋아서 자주 신는다. 하지만 발이 단단하게 고정이 되지는 않아서 경사가 있거나 엄청난 거리를 걸으면 호카만큼 좋다는 느낌을 받지 못했다. 물론 신발끈이 있는 다른 고워크 모델을 신어보지 않아서 모르지만, 나의 경우 가볍게 임장할 때는 스케쳐스를 장거리로 30㎞ 이상의 임장을 할 때는 호카를 신었다는 개인적인 경험을 이야기하는 것이므로 개인차도 있을 수 있다. 이처럼 각자의 발에 편안하게 맞는 신발을 꼭 준비하자.

　새로운 일의 시작을 앞두고 무엇을 준비하고 어떻게 해야 할지에 대한 많은 고민을 한다. 그래서 이런 부분까지 이야기하는 것은 다른 책들과의 차별점을 두는 것이라고 생각한다. 나의 경우 50㎞ 이상도 종종 걸었기에 얼굴부터 전신을 가리고 많은 보호대를 하고 돌아다녔다. 다음 두 사진 속 인물은 임장 복장을 한 필자의 모습이다. 정말 이렇게 하고 전국을 돌아다녔다. 때로는 사람들의 모멸적인 시선을 견뎌야 했고 도로를 지날 때마다 모세의 기적처럼 사람들이 나를 피해갔다. 봄이고 여름이고 가을이고 겨울이고 수도 없이 길을 걷다 보면 땀으로 온몸이 뒤덮여 사람들 사이를 피해서 다니기 일쑤였다. 길에서 정말 많이 울기도 하고 '내가 이러고 있다고 뭐가 달라지나?' 같은 생각을 수도 없이 하면서 지난 5년간을 버텨왔다.

필자도 임장을 혼자 하기는 어려웠다. 부동산 모임에서 만났던 수많은 동료가 함께해준 덕분에 여기까지 올 수 있었다. 물론 끝 없이 계속되는 임장 스케줄에 다들 각자의 사정으로 전국 임장을 마무리할 무렵에는 혼자 남았다. 다행히 혼자 임장한 지 2년 차쯤 접어들었을 때는 새벽에 나가서 혼자 돌아다니는 것이 그리 힘들지 않았다. 이 책을 쓰게 된 계기도 혹시, 누군가 함께할 수 없어 혼자 임장을 하게 되더라도 필자가 홀로 흘린 수많은 땀과 눈물을 여러분들은 흘리지 않았으면 하는 마음에서다.

실제로 걸어서 임장을 풀로 하려면 새벽 첫차를 타고 임장지로 가야 한다. 새벽 첫차가 지역마다 다르지만, 새벽 5시 내외로 있다고 가정을 해보면 새벽 3시가 조금 넘어서 일어나서 준비하고 기차역에 가야 하고 짧게는 1시간에서 많게는 2시간 이상의 기차를 타고 가서 임장을 시작해야 한다. 정말 수많은 기차역을 갔고 수도 없이 기차를 탔다. 파주부터 제주도까지 한 곳의 도시도 빼놓지 않고(인구 100만 명 이상 또는 혁신도시급 광역시, 특별시 서울·수도권을 말한다. 인구 50만 명 이하의 도시는 가보지 않았으니 오해가 없으면 좋겠다) 매주 매달 연휴 때마다 돌아다녔다.

나의 이야기를 아는 몇몇 분들은 뭐가 그리 하고 싶어서 전국을 걸어다녔냐고 물어보셨다. 아마도 코로나19 이후 부동산 상승장을 보고 다시는 이런 상승장을 그냥 보내지 않겠다는 마음이 들었고 평생 월급에 의지해서 살아야 하는 월급쟁이의 숙명적인 삶의 굴레에서 벗어나고자 하는 마음으로 참고 버티고 해낸 것 같다.

이제부터는 임장하면서 겪었던 진짜 부자들과의 만남과 힘들고도 재미있었던 에피소드를 곁들인 더 생생한 임장기를 이야기해보겠다.

출처 : 저자 제공

도보로, 차로, 대중교통으로 임장하는 방법

1. 도보로 임장하는 방법

만약 부동산에 대해서 진짜 아무것도 모르는 사람이라면 임장을 시작할 때 걸어서 주변을 보는 연습을 해야 한다고 누누이 이야기했다. 지금이야 우리가 이를 닦고 밥을 먹고 하는 행동이 너무 편하고 익숙한 일이지만 아주 어린 아이들은 이런 행동들이 어려울 것이다. 이처럼 시작하는 단계에서는 본인 주변 지역에서 시간에 구애받지 않고 자주 주변에 뭐가 있는지 보고 깨우치는 데 많은 시행착오를 겪으며 배워나가자.

물론 임장의 수준이 올랐다고 해서 전혀 걷지 말라는 말은 아니다. 이 모든 과정이 일정 수준의 범위를 벗어나면 스스로 판단하게 될 것이니 앞으로 이런 과정을 더 세세하게 이야기하겠다.

도보로 임장하려고 마음먹었다면 앞서 언급한 정도의 편안한 신발과, 소중한 무릎을 지지해줄 무릎보호대, 예쁜 얼굴이 타지 않게 도와줄 모자를 준비하면 좋겠다. 자외선에 많이 노출되면 시력 저하도 올 수 있다고 하니 각별히 유의하도록 하자. 임장을 하면 시간 가는 줄 모르고 온종일 햇빛 아래 내 몸을 노출시키는 경우가 허다하다. 얼굴이 정말 잿빛으로 변할 정도로 상하기도 하고 익숙한 곳이든 낯선 곳이든 주의 깊게 살피며 걷다 보니 턱에 걸려 넘어지기도, 갑자기 의욕이 샘솟아서 무리해서 걷다가 몸이 상하는 경우가 종종 발생할 수 있다.

또 이왕이면 누군가와 함께하면 좋겠다는 생각에 부동산에 관심이 있는 주변의 친구나 동료를 찾게 되고 그렇게 함께 걷다 보면 상대의 페이스를 따라가다가 부상을 입는 경우도 종종 있다. 내가 부동산 스터디에서 만난 동료들과 대전을 임장할 때의 이야기를 들려주자면, 정말 더운 여름이었고 가만히 서 있기만 해도 땀이 비 오듯 흐르는 날이었다 (물론 이런 날 임장을 하는 건 좋지 않다. 그때는 진짜 걸어다니는 것만이 나를 구원할 수 있을 거라고 생각한 무식하고 바보 같은 행동이었다. 제발 이런 것을 하지 않기를 바란다). 3km 정도를 걸었을까? 함께한 동료가 탈진해서 응급차에 실려 응급실로 가는 일이 발생했다. 임장을 다니면 다양한 여러 가지 위험 요소와 응급상황이 생길 수 있다. 특히 걸어서 임장할 경우 얼굴, 허리, 무릎을 조심해야 하는데 나의 경우 전신을 가리고 어깨, 허리, 무릎, 발목에 보호대까지 차고 임장을 했다.

유난이라고 할 수도 있지만 저렇게 한 덕분에 지금까지 큰 부상 없이 마무리할 수 있었던 것 같다. 치료보다는 예방이 우선 되면 좋을 것 같다. 무릎보호대는 시중에 나온 거의 모든 보호대를 다 써봤지만, 실생활에서 이용하기에도 잠스트 무릎보호대가 최고라고 생각한다. 무릎을 탄탄하게 지지해주기에 임장 외 일상에서 운동할 때도 정말 좋은 제품이고 어느 용도로 써도 좋은 제품이다. 조금 비싸다는 것이 단점이지만 잠스트 무릎보호대 덕분에 아직도 나의 도가니가 무사하다고 생각한다.

행복한 미래를 위해 돈을 벌겠다는 마음으로 임장을 하는 것인데 나의 건강과 몸을 지켜야 하지 않겠는가. 모든 것이 각자의 선택이지만 적어도 스스로 본인을 지키는 행동과 방법이 무엇인지 잘 생각하고 판단하면 좋겠다.

이제 정말 출발해보자!
부동산 공부를 시작하며 처음 만났던 동료들의 모습은 바로 이런 느낌이었다.

출처 : 영화 〈300〉 스틸컷

전쟁에 나가는 전사의 이미지처럼 금방이라도 전국을 돌아보고 얼마 안 가 엄청난 부자가 될 거라는 마음으로 임장을 시작한다. 하지만 육체적, 시간적, 환경적 한계에 부딪혀 대부분 얼마 못 가 임장을 멈추고 만다. 이런 상황을 두고 부동산 투자 시장의 많은 레전드 분들이 하는 말씀이 있다.

출처 : 영화 〈짝패〉 스틸컷

"강한 놈이 오래가는 게 아니라, 오래가는 놈이 강한 거더라!"

영화 〈짝패〉에 나온 대사다. 부동산 투자를 오래 하고, 그 바탕이 되는 임장을 계속하려면 오래 살아남는 방법을 찾아야 한다. 그래서 무작정 걷는 것이 아니라 효율적으로 걸어야 한다는 것이다.

사람마다 걸을 수 있는 양의 크기도 다르고 체력의 한계도 다르다. 그래서 걷기로 마음먹고 임장을 한다면 처음 시작은 5㎞ 미만으로 잡고 임장을 하면 좋겠다. 지역별로 좋은 동네가 있다. 부산은 해운대구, 대구는 수성구, 울산은 남구, 대전은 서구, 광주는 남구, 인천은 연수구 등 지역마다 강남이 존재한다. 그럼 이곳으로 가서 가장 비싼 곳부터 주변을 가볍게 천천히 지도를 짜서 걸어도 좋고, 그게 처음부터 어렵다면 그냥 주변을 돌아봐도 좋다. 임장에 익숙해져야 지도도 보면서 주변을 눈으로 입력하기 좋은데 필자의 경우에도 지도를 보면서 방향을 잡고 임장 루트대로 걸어다니는 시기까지 1년은 족히 걸린 것 같다.

매일 지도를 짜서 지역을 분석하고 매주 주말마다 임장을 나가고 하루에 30~50㎞를 걸어다녔는데도 지도대로 방향을 틀리지 않고 걸어 다니는 데 1년이라는 시간이 걸렸다. 1년이 지나서도 정말 큰 대도시를 간다거나 사람이 많은 곳을 가서 순간 방향을 잃어버리면 길을 헤매기 일쑤였다. 그래서 걸어서 임장하는 것은 무엇보다 방향과 지역에 익숙해지는 것이 중요한데 이렇게 신경을 쓰면서 걸으면 스트레스가 쌓여 몸에 무리가 더 갈 수 있다. 주변의 지형지물과 부딪치는 경우도 종종 생긴다. 필자는 핸드폰으로 지도를 보면서 걸어갈 때 핸드폰 화면을 둘로 나눠 하나는 카카오맵을 띄우고 하나는 앞에 예로 든 것처럼 임장 지도를 띄워서 두 개의 화면을 동시에 보면서 걸었다. 이때 화면에 집중한 나머지 버스 정류장 설치물을 몸으로 들이받아서 길 한복판에서 벌러덩 하고 넘어지면서 데굴데굴 구른 적도 많았다.

이런 많은 이유로 가볍게 5km 내외를 시작으로 하면서 익숙해지라는 것이다. 이 정도 거리는 약 7,200보 정도를 걷는 것이기에 그렇게 무리가 되지 않는다. 그리고 내가 사는 지역의 좋은 지역부터 걸으라고 하는 것도 혹시 모를 변수가 생겼을 때 집으로 돌아가서 휴식을 취하기 편하기 때문이다.

다행히 필자는 임장을 하면서 크게 다치거나 건강이 악화된 적이 없었다. 하지만 정말 다양한 이유로 다치거나 몸에 무리가 와서 임장을 그만두는 경우를 허다하게 봤고 그 이후로 의욕을 잃어 다시 시작하지 못하는 경우도 많이 봤다. 그래서 익숙해지기까지는 내가 사는 지역을 중심으로 토요일, 일요일, 연휴 등을 이용해서 일 5km 내외로 동선을 짜서 주변을 걸으면 중단할 확률이 낮아질 수 있다.

임장을 하다 보면 종종 그 지역 전부가 온통 아파트로 가득 차 있는 경우가 있다. 지방의 경우 대표적으로 해운대구 좌동이나 부평구를 예로 들 수 있는데 이때 공통으로 하는 말이 있다. 임장을 하고 나서 모두가 그 아파트가 그 아파트 같고 가도 가도 아파트만 나오는데 뭘 봐야 할지도 모르겠고 어떤 것을 봤는지도 기억이 안 난다고 하는 예도 있다. 당황하지도 좌절하지도 말고, '처음이니까!' 하고 자연스럽게 받아들이자. 그리고 다음 내용을 주의해 보자.

걸어서 임장을 하면 자꾸 모든 아파트나 지역의 특성을 외우려고 한다. 명심하자! 욕심내지 말자! 임장을 통해서 우리가 얻어야 하는 건 주변의 환경과 분위기지 아파트 하나하나가 아니다. 그건 임장을 끝내고 와서 인터넷을 통해서 얼마든지 해도 된다. 그리고 핸드폰은 주로 방향 참고용으로 사용해야 하는데 끊임없이 주변의 가격 비교를 하느라 주변의 환경을 눈으로 담지 못하는 경우가 많다.

걸어서 임장을 할 때 주의해야 할 또 하나는 얼마나 많이 걸었나가 아닌 내가 돌아본 곳의 이미지나 느낌을 얼마나 생생하게 남기느냐는 것이다. 다른 것에 집중하다보면 집에 돌아와서 내가 어디를 다녀왔는지, 뭘 봤는지 기억은 나지 않는 데다가 핸드폰으로 그렇게나 열심히 찾아봤던 가격도 남아 있지 않을 것이다. 서너 번 걷다 보면 주변이 조금씩 눈에 들어오기 시작하는데 이때 기억 포인트가 존재한다. 이게 대체로 길과 길 사이나 지하철역 사이 같은 대로, 지역의 구분점으로 나뉘는데 이것이 나의 눈에 들어오기 시작하면 걸어서 임장하는 것이 몸에 익숙해졌다는 것이다 (축하드립니다!). 큰 건물, 교차점, 상징성이 있는 이정표 등을 기억하는 것도 매우 좋은 방법이다.

부동산 투자자 중에 '쏘쿨'이라는 분이 있다. 《쏘쿨의 수도권 꼬마아파트》라는 유명한 책을 쓰신 분인데 그분의 인터뷰 중에 이런 말이 있었다. '아파트를 구매한다는 건 그 아파트 현관문 밖의 환경을 사는 것이다.' 그분의 말을 해석하면 집의 가격이 정해지는 건 집안의 환경이나 인테리어가 아니라 집 주변의 환경 즉, 입지에서 오는 생활의 편리함이나 안전한 정도를 사는 것이라고 해석할 수 있겠다.

임장을 한다는 것은 환경의 다방면을 두루두루 보는 과정이다. 10만 보, 12만 보를 하루 안에 걷는 것에 중점을 두거나, 가격이나 연식을 보며 걸어가는 것에 집중하는 것이 아니고 거기 사람들이 어떤 문화 안에서 어떻게 생활하는지를 보는 것이다. 종종 임장을 하다 보면 많이 못 걸었다고 자책하는 분들이 있는데, 절대 그럴 필요 없다. 그래서도 안 된다.

부자 되려고 고생스럽게 임장을 나오는데 도중에 비싸고 좋은 음식을 먹는 건 알맞지 않다면서 온종일 김밥이나 햄버거로 간단하고 빠르게 끼니를 해결하겠다는 경우도 종종 본다. 절대로 추천하지 않는다. 우리는 로봇이 아니다. 충분히 잘 먹고 잘 쉬면서 나의 몸을 돌봐가며 하자. 너무 힘들게 다그치면 결국 번아웃이 와서 아무것도 하기 싫어질 수도 있다. 이게 무서운 거다. 꾸준하게 오래 하지 못하게 되니까 말이다. 우리가 이런 과정을 통해서 올림픽이나 월드컵 같은 대회에서 4년에 한 번 정도의 주기로 엄청난 보상이나 성과를 달성한다면 모를까? 이런 시간의 기약 없이 무작정 걷는 것만으로 임장을 하는 것은 제일 하면 안 되는 행동이다. 우리가 걸어서 임장을 하는 방법은 간단하고 쉬워야 한다. 임장을 하고 일상으로 돌아가면 일상생활에 무리가 없어야 한다. 시간과 비용을 쓰는 것만으로도 일상의 큰 부분을 양보하는 것인데 건강까지 상하면서 걸으면 안 된다는 것을 강조하고 싶다.

그럼 어떻게 걸어야 몸도 상하지 않고 효율적으로 임장을 하는 것일까? 그 구체적인 방법을 이제 하나하나 풀어보겠다.

모든 일에는 절차가 있다

낯선 곳뿐만 아니라 내가 사는 지역이라 할지라도 평소에 걷는 게 익숙 하지 않은 사람이라면 갑작스러운 걷기에 몸이 상할 수 있다. 하지만 부동산 투자를 하기로 마음먹었다면 임장이 필수이기에 먼저 쉽고 빠른 방법으로 걷고 움직이는 것에 익숙해지면 된다. 한 3일 정도면 나의 수준을 파악할 수 있는데 퇴근 후나 점심시간 등 짬이 나는 시간을 찾아서 운동화를 신고 30분 정도에 내가 걸을 수 있는 거리가 얼마나 되는지 찾아보면 된다. 요즘은 핸드폰으로 걷는 시간과 거리를 실시간으로 측정할 수 있기에 내가 30분 정도의 시간에 얼마를 걸을 수 있는지 확인할 수 있다.

그렇게 하루 30분 정도 걷기를 3회 정도 해보자. 내가 30분에 1㎞ 정도를 걸었다고 하면 3번의 걷기를 통해서 3㎞ 정도를 걸을 것이다. 이때 매번 시간과 거리를 재면서 걸으면 좋은데 이렇게 하는 이유는 내가 얼마를 걸었을 때 몸에 무리가 오는지 알고 조절을 하기 위함이다. 필자도 임장의

출처 : 카카오맵

중요성은 언제나 역설한다. 단, 여기에는 단서가 따른다. 내 몸을 지키는 임장! 반면 많은 부동산 수업에서 이야기하는 10만 보 이상의 임장은 도대체 어느 정도의 거리와 시간이 소요되는 건지 알아보기로 하자.

출처 : 저자 제공

   일반 성인의 걸음이 한걸음에 약 70cm라고 가정을 하면 84㎞ 정도를 걸으면 약 12만 보를 걷게 된다. 앞 지도의 기준은 서울 시청에서 천안 시청까지의 일직선상의 길이를 측정한 것이다. 카카오맵으로 측정한 것이니 의심의 여지가 없다고 생각한다. 이렇게 말도 안 되는 임장을 하는 게 누구를 위해서 좋다는 것인가? 그래서 이런 방식으로는 절대로 임장을 하면 안 된다. 현재 많은 이들이 열광하는 부동산 강의에 나오는 12만 보의 진실이 이런 것이다. 우리가 살면서 옛날옛적도 아니고 12만 보라는 무지막지한 걸음으로 무엇을 얻을 수 있다는 것인가? 그럼 5만 보 정도의 걸음은 어떠한가.

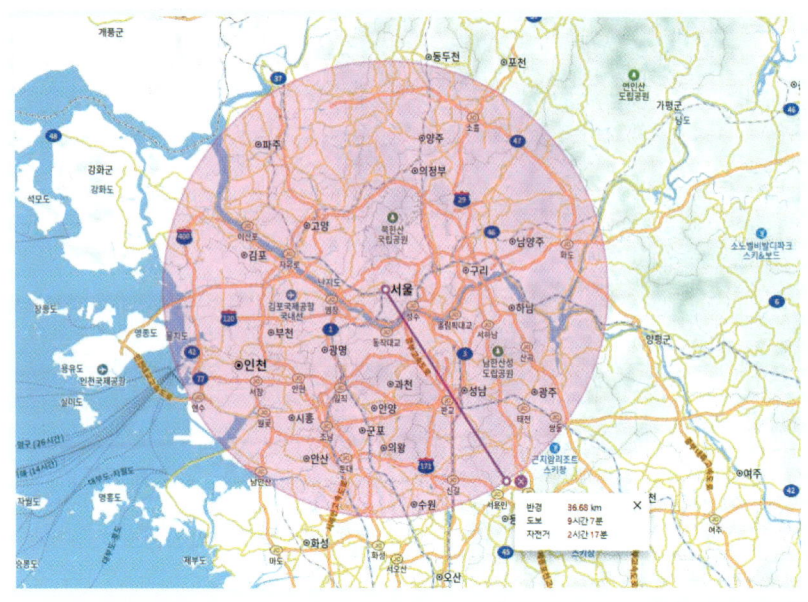

출처 : 카카오맵

　36.68㎞ 성인의 걸음 70㎝로 나누면 정확하게 5만 2,400보가 나온다. 직선상의 거리는 서울 시청에서 용인 에버랜드까지의 직선거리다. 많은 분이 에버랜드로 놀러는 가겠지만 저 거리를 걸어서 가는 사람은 없다고 생각한다. 우리가 가늠하기도 힘든 5만 보의 거리가 이런 것이다. 그래서 이런 수준의 걸음은 임장에 불필요하다. 내가 체감적으로 느낀 합리적인 임장은 1만 보 정도를 걸어보면서 주변을 둘러보는 것이 제일이라고 생각한다. 만약 좀 더 무엇인가를 알고 싶어서 더 걸어다닌다고 해도 1.5만 보를 넘지 않는 게 몸을 보전하면서 지속해서 임장을 하는 방법이다.

　때로는 지역마다 연속성을 보고 싶어서 무작정 걷는 경우가 있는데 그럴 필요가 없다. 지하철역 사이사이가 계속해서 주거지로 이어져 있는 것도 아니고 연속적으로 이어진 생활권을 이루고 있지 않다. 그래서 우리가 걸어야 할 포인트가 어딘지 정확하게 알고 필요한 곳만 걸어도 충분하다는 것이다. 그 외 지역은 다른 방법을 통해서 시간과 노력을 줄여 효율적으로 임장을 하면 된다. 이런 다양한 방법들을 잘 활용하면 되는 것이다.

우물가에서 숭늉을 찾으면 안 되는 것처럼 모든 일에는 순서와 절차가 있다. 이를 무시하고 무리하게 진행하면 결국 몸과 마음에 탈이 나기 마련이고 그 영향으로 대부분 임장을 그만두게 된다. 투자도 잊게 되고 투자 전 일상으로의 복귀가 되는 것이다. 몸이 가까이 있지 않으면 마음에서 멀어지고, 마음에서 멀어지면 몸이 가까이 가지 않는다. 임장을 잠시 쉬고 다시 하려는 마음은 어느새 사라져 있다.

이제껏 만나왔던 많은 동료의 경우 처음에는 엄청난 열의를 보이고 부동산 투자에 모든 것을 쏟아부을 것처럼 달려들었지만 이렇게 몸이 상하고 시행착오를 겪는 과정에서 일상생활과 마찰이 생기는 일들이 종종 발생했다. 그리고는 언제 그랬냐는 듯이 현실로 돌아가 부동산은 나와 관계없는 대상이 되는 경우가 대부분이었다. 차라리 안 해봤으면 호기로움에 도전을 해보지만, 하다가 실패했거나 미뤘다가 하려면 그 맛이 어떤지 알기에 더 두려움이 커서 재도전을 못 하는 게 문제다. 하지만 기억하자. 잘못되었다는 걸 알고 그만두면 실패지만, 잠시 쉬고 나서는(또는 몸과 마음이 회복될 때까진 웹서핑 임장도 좋다) 앞의 오류를 복기하고 재정비해서 다시 해나가면 그건 실패가 아니다. 성공의 밑거름이고 디딤돌이 되는 것이다.

모든 과정 하나하나에 준비물, 많이들 실수하며 놓치는 것들까지 너무 세세하게 기술하고 있다는 것을 안다. 실수 없이 앞으로 나가기만 해도 익숙해지려면 시간이 걸리고 힘이 드니 최대한 좋을 길을 만들어주고 싶어서다.

다시 한번 정리하자면 임장이 익숙해지려면 내 일상에 지장이 없이 하루에 걸을 수 있는 범위를 파악하고 내 몸에 체득시켜 자연스러운 습관으로 만드는 것이 매우 중요하다. 그리고 지도를 이용해 내가 원하는 방향으로 갈 수 있어야 한다. 즉, 지도를 그대로 따라 걷는 것이 아니고 내가 원하는 방향대로 설정한 후 지도를 나침반 삼아 이용하라는 것이다. 지도에 임장 루트를 짜고 그대로 따라 걸으라더니 이건 무슨 소린가 싶을 것이다.

내가 직접 몸으로 뛰면서 이 방법들을 체득했는데 실제로 지도 화면의 방향을 보면서 동시에 원하는 방향으로 나아가는 데 상당히 많은 시간이 걸린다. 이런 과정에서 시간을 줄이기 위해 하루에 열 번도 넘게 지도를 짜고 방향을 잡는 노력을 계속했다. 임장하는 곳에 가서 방법을 스스로 찾는 것이 상당히 어려운데 이것도 지도로 만들어가면서 습관이 되면 익숙해진다.

처음 임장 지도를 처음 짜는 데만 하루가 꼬박 걸렸다. 이동하는 시간을 줄이기 위해서 효율적인 동선을 짜려고 하다 보니 지도를 계속 수정해야 했고 봐야 하는 지역이 넓을수록 시간은 더 걸렸다. 이것도 처음에는 지도를 통해서 임장 지역을 보는 게 낯설어서 기간이 오래 걸렸지만, 앞서 언급한 방법으로 지하철역에서 내 집까지 걸어오는 거리 또는 내가 사는 곳의 주변을 둘러보는 효율적인 거리를 카카오맵이나 네이버 지도에 띄워 놓고 동선을 짜는 연습을 해보면 다른 지역의 임장 지도를 만들 때 시간을 줄일 수 있다.

결국 나의 몸을 지키는 나 자신 뿐이다

부자가 되어도 건강하지 않으면 소용없다. 내 건강을 담보로 돈만 좇는 것은 후회만 남을 뿐이다. 내 몸을 잘 지켜가며 임장도 하고 부자도 되자.

임장을 하다 몸에 무리가 온다면 하루, 이틀 또는 그 이상이라도 푹 쉬어주고 일정을 잡아서 한 달에 한 번 아니면 일주일에 한 번씩의 정확한 루틴으로 꾸준하게 하면서 지역을 아는 범위를 넓혀가면 된다. 조급하게 생각하지 말자. 꾸준하면 된다.

몸을 챙기는 가장 쉬운 방법이 영양제를 챙겨 먹는 것이다. 뭐든 쉬워야 꾸준히 할 수 있다. 나의 경우에는 아르기닌, 올인원 비타민으로 나오는 이뮨 등 몇 가지 영양제 및 보조식품들을 챙겨 먹었는데, 이런 것들을 꾸준하게 먹다 보니 다소 무리를 했다고 하더라도 그다음 날 몸이 거뜬히 회복된 것 같다. 아무래도 많이 걷고 지속해서 신경을 쓰다 보면 쉽게 피곤하고 기력이 쇠할 수 있는데 건강에 대해 무조건적인 장담을 하기보다는 도움을 받아보자. 몸속과 더불어 몸 밖은 자외선차단제와 햇빛가리개, 양산 등을 활용해 보호하는 것도 잊지 말자.

먹고 입는 것까지 강조하며 챙기는 이유는 부동산 투자를 하다 어느 순간 맞이하게 될 현타 때문이다. 매일 강렬한 햇빛 아래 내 몸이 상하는 것도 모르고 쉬지 않고 임장을 다니다가 어느 날 문득 너무 피곤함을 느껴 임장을 잠깐 쉬었던 주가 있다. 그때 거울에 비친 내 모습을 보니 마치 힘든 노동에 지친 노예의 모습이었다. 얼굴은 잿빛으로 변하고 건강이 상해 있는 나 자신을 보고 나서 도대체 내가 뭘 위해 이렇게 하고 있는지에 대한 현타가 왔다. 뒤이어 회의감도 들었는데 다행히 몸과 정신을 바짝 추스르고 다시 시작했다. 물론 그 후로 날 더 아끼며 보호하면서 말이다.

발이 편안한 신발을 고르자

앞에서도 잠시 언급했던 임장에 있어 너무나 중요한 발과 무릎의 건강을 지켜줄 신발과 보호대 정보를 올려보고자 한다. 물론 필자는 이 회사들과 아무런 관계가 없다. 비타민, 보조식품들도 마찬가지다. 이것들은 당연히 개인의 취향에 따라 얼마든지 선택하면 된다. 다만 임장에 관한 필자의 모든 것들을 전부 이야기하고 있기에 이 또한 참고하시라고 올리는 것이니 오해는 없길 바란다.

추천 이유는 앞의 내용과 중복되니 생략하기로 한다. 참고로 호카는 매장에 가면 고객의 좌우 발모양 측정을 통해 조금 더 편안하고 목적에 맞는 모델로 신을 수 있게 추천해주는 서비스도 제공하고 있으니 참고하면 좋을 것 같다.

출처 : 스케처스 온라인 스토어

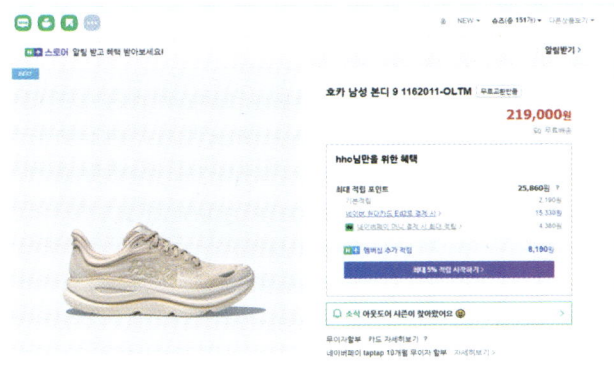

출처 : 호카 온라인 스토어

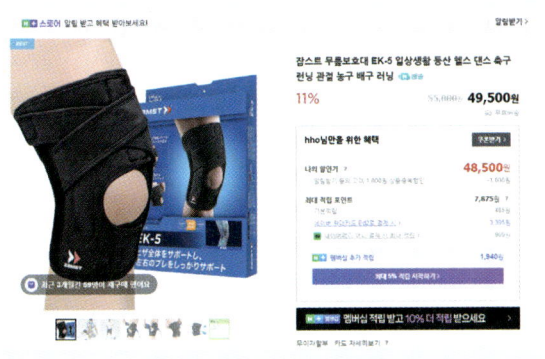

출처 : TRATAC 온라인 스토어

PART 3. 실전 임장

걸으면서 눈에 익혀야 할 것은 주변 환경과 사람이다

임장은 수단이 되어야 한다. 걷고 보는 게 목적이 아니고, 그것을 통해서 주변 환경과 사람들을 살펴야 하고 최종 목표는 아파트 즉, 실거주 및 투자여야 한다.

빨리, 많이 걷는 것이 좋은 것이 아니다. 빨리 : 천천히, 가볍게 : 깊게, 지나치기 : 들려보기 등 임장 루트 안에서 각 대상들의 중요도를 달리해서 효율적으로 움직이자. 속도와 양에 치우치지 말고 본질, 양질의 것들에 집중할 수 있어야 한다.

걷다가 힘이 들 땐 주변에 사람이 많이 모이는 식당이나 카페에 들러 내 몸을 추스르면서 주변을 둘러보는 것도 좋다. 내 몸은 쉬지만, 사람들의 이야깃거리, 모습, 창밖의 사람들, 환경 등을 정적으로 조금 더 깊이 바라볼 수도 있기 때문이다. 또, 임장 지도를 펴고 주요 아파트 중심으로 걸어온 길과 주변을 복기해보는 것도 좋다. 바로 경험한 것을 떠올리니 기억도 잘 나고 느낌도 잘 정리할 수 있을 것이다. 시간과 의무감에 쫓겨서 하기보다는 이렇게 일정한 시간 간격을 두고 쉬면서 복기하고 다시 나가 걷는 방법은 여러모로 장점이 있음을 잊지 말자.

2. 차로 임장하는 방법

도보로 임장하는 법을 알았으니 이제 자동차로 임장하는 법을 알아보자. 차로 임장을 하면 걷기보다 더 짧은 시간에 많은 지역을 둘러볼 수 있는 장점이 있다. 반면 주변 지역에 대한 파악이 익숙하지 않은 사람이 처음부터 차로 임장을 하면 도로가 다 그 도로 같고 건물이 다 그 건물 같아 보여 주변 지역을 제대로 파악은커녕 뱅글뱅들 돈 느낌만 들 수 있다. 그래서 시기와 장소, 목적에 따른 다른 임장을 해야 하는 것이다. 하지만 무엇보다 임장 초기에는 도보로 충분히 임장의 기본을 익혀야 함은 절대적으로 잊지 말자. 그 후 어떤 곳은 도보로만, 또 어떤 곳은 도보 후 차량 임장의 병행, 다른 곳은 차로만 할 수 있다. 즉, 정답은 없다. 융통성있게 효율적으로 하면 된다.

출처 : 카카오맵

그럼 차로 하는 임장(이하 '차 임장')은 어떤 방식으로 하는지 세종시로 예를 들어보겠다. 필자는 세종시를 위와 같은 루트로 임장했다. 부산역에서

PART 3. 실전 임장　127

KTX를 타고 오송역으로 간 후 대중교통으로 세종고속버스터미널에 들려 차를 빌린 다음 본격적인 임장을 시작했는데 기점을 세종고속버스터미널로 잡은 이유는 간단하다. 아무래도 가장 중심이 되는 곳이 고속버스터미널이나 교통의 요지인 KTX역, SRT역 같은 곳이기 때문이다.

미리 주요 아파트들을 포인트로 잡은 임장 루트대로 내비게이션에 그 아파트 또는 특정 지역의 명칭을 찍어 이동하고, 이를 반복한다. 이렇게 이동을 하면 주변에 있는 상권이나 아파트 주변 환경까지 차례대로 보게 되는데 여기서 유의해야 할 점은 개별 단지를 보려고 아파트 하나하나를 들어가 보려는 노력은 할 필요가 없다는 것이다. 차로 움직이다 보니 매우 좁은 골목이나 세부적인 것까지는 볼 수 없게 되는데 도보를 통해서 주변 환경 보는 법을 익혔다면 차량으로 아파트 단지 주변을 돌아보는 것만으로도 어떠한 환경으로 이루어져 있는지 한눈에 파악할 수 있다.

그래서 세종시의 경우 고속버스터미널을 시작점으로 해서 세종남부경찰서까지 포인트를 찍고 그다음은 한국개발연구원, 그다음은 새나루마을 8단지, 그다음은 수루배마을 3단지, 그다음은 구단지 주문클래스 리버뷰 1차 아파트의 순서로 찍어가면서 이동을 했다.그리고 이곳에서 또 다른 지역으로 넘어갈 때는 그다음 지역에서 가장 중심이 되는 곳을 찍으면 되는데 이러한 것들은 병원이나 랜드마크 건물 등을 찍고 이동을 하면 된다.

이번에는 대구 수성구로 가보자.

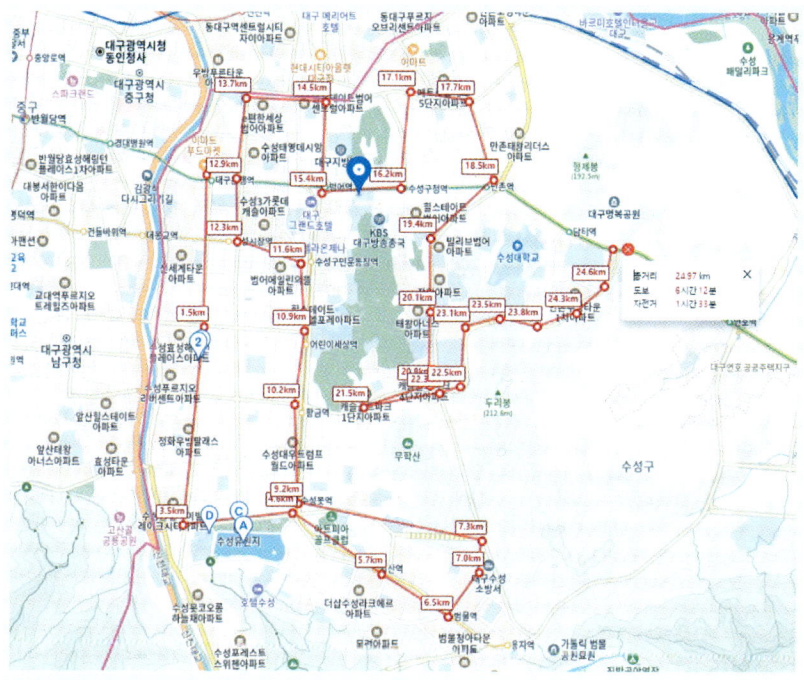

출처 : 카카오맵

부동산에 조금이라도 관심이 있다면 참 많이 들어봤을 지역이다. 수성구 전 지역에 앞서 투자 가치가 큰 핵심지역을 먼저 둘러보기로 하자. 이곳의 특이점은 중앙에 있는 범어, 야시골 공원 때문에 들어갔다가 돌아나와야 한다는 것과 단지와 단지 사이의 상당히 많은 비임장지를 피해갈 수 없다는 것이다(사실 수성구를 처음 임장할 때만 해도 그 어떤 교통수단도 이용하지 않고 도보 임장만 해야 하는 줄로만 알았다. 그래서 다음 단지로 넘어가기 위해 임장을 할 필요가 없는 곳들까지 힘들게 걸을 수밖에 없었는데 이때 시간과 노력이 너무 아깝게 버려진다는 생각이 들었고 결국 자동차로 임장을 해야겠다는 생각을 하게 된 것이다).

이런 지역의 특징을 염두에 두고 시작점 설정 후 대단지 아파트에 인접한 큰 도로를 중심으로 큰 경로를 먼저 잡는다. 그리고 단지들을 구석구석 살펴보기 위해 사이사이 차를 돌려 나올 포인트까지 잘 잡는 것이 중요하다. 그렇지 않으면 갔던 길을 계속 반복해서 도는 경우가 많기 때문에 시간이 오래 걸리고 머릿속에 단지들이 남지도 않는다. 가능한 동선이 겹치지 않게 들어갔다 나오는 곳을 정하고 달라지는 주변 환경, 큰 도로 사이에 자리 잡은 것들의 차이 등을 주의하며 살펴보자.

특히 여기처럼 아파트 단지가 곳곳에 퍼져 있는 경우에는 그 안의 골목 안까지 들어가서 세부적인 환경을 보는 것이 중요한데 그러한 이유는 서로 떨어진 단지 간의 군집을 이루는 상가나 주변 환경의 모양이 다르기 때문이다. 루트를 세심하게 짜서 돌아 나오는 방향에서는 꼭 반대쪽을 볼 수 있도록 동선을 만들어야 함을 잊지 말자.

차로 임장을 한다고 하면 운전을 하면서 어떻게 주변을 보느냐고 물으시는 분들이 꽤 계시는데 '도보 임장으로 주변 환경 포인트 찍어 눈에 담기'가 충분히 연습이 되면 차 임장으로도 얼마든지 많은 곳을 볼 수 있다. 단 운전을 하면서 주의해야 할 것이 있다. 교통수칙 잘 지키기를 기본으로 한 운전으로 임장할 수 있는 최대의 범위를 알고 가는 것이 상당히 중요하다.

어느 임장 방법이든 마찬가지겠지만 차 임장 시에도 신호대기, 교통 체증 등 여러 가지 변수들이 생긴다. 아무리 동선을 잘 짰다고 하더라도 지나치거나 다른 길로 빠져 그 동선대로 못 가는 경우도 생기고 공사 등으로 왔던 길을 다시 돌아가야 하는 경우도 종종 발생한다. 이러면 목표로

했던 지역을 전부 돌아보는 것이 시간보다 많이 걸릴 수 있고, 몸도 지치고 더 피곤해진다.

그래서 하루에 할 수 있는 차 임장의 범위를 최대 100km 정도로 정해 놓고 돌아보는 것이 좋다. 한 지역을 구석구석 운전하다 보면 처음 거리는 30km였지만 실제로 왔던 길을 다시 돌아가며 복습을 하고 조금 더 사이사이 들여다보게 보면 목표했던 거리보다 2배 또는 2.5배 정도를 운전하게 된다는 것을 염두에 두고 계획을 짜자.

필자의 경험상 하루에 최대한 운전으로 볼 수 있는 거리가 200km 정도였는데 이 정도까지 임장을 하라는 것이 아니라 차 임장도 본인에게 맞는 거리가 있다는 것이다. 차 임장 역시 개인마다 다른 최대치 범위가 있기 때문에 내가 하루에 얼마 정도를 임장했을 때 몸이 덜 피곤하고 다음 날 임장 또는 생활에 영향을 주지 않을 수 있을 최대치를 본인 스스로 체력과 몸 상태로 파악해야 한다.

그리고 또 하나 알아둘 것은 내가 사는 곳에서 임장지로의 이동거리까지가 200km가 넘는다면 이때는 무조건 대중교통을 이용해야 한다. 하루 임장에 대한 운전으로 커버 가능한 거리를 200km 안으로 두라는 이야기이다.

예를 들어서 내가 사는 곳이 부산이고 임장을 해야 하는 곳이 대구라고 가정을 해보자. 숙박을 하기에는 비교적 근거리이므로 당일 임장을 한다고 가정해봤을 때 대구에 직접 차를 몰고 갔다가 돌아오는 거리까지만 해도 대략 300km 정도다. 여기서 대구 시내 차 임장 거리가 대략 50km 정도라도 해도 내가 하루에 운전해야 하는 총 거리만 해도 350km 정도가 된다.

물론 개인에 따라서 이 정도 운전 거리는 소화 가능한 체력을 가진 사람도 있겠다. 하지만 실제로 중간에 내려서 걸어서 환경을 봐야 할 곳도 있고 또 신경을 여러 가지로 쓰다 보면 그렇게 하루 임장을 하고 났을 때 몸이 버텨내지 못하는 경우를 꽤 봤다. 실제로 필자도 거주지에서 임장지까지 왕복 이동 거리가 100~120km 정도일 경우에는 임장지를 세부적으로 살펴보고 돌아와도 그렇게 몸이 힘들다고 느껴지지 않았지만, 200km를 넘게 운전하고 돌아와서는 내 몸의 상태가 그다음 날 임장을 나가기가 상당히 어려운 경우가 많았다.

앞에서 누누이 강조했듯이 몸 상태가 안 좋으면 임장을 꾸준하게 할 수 없고 이것들이 결국 벽이 되기 때문에 그다음 날도 충분히 임장할 수 있도록 내 몸의 여력을 만들어주는 것이 중요하다. 그래서 임장지로 이동해야 하는 거리가 상당히 멀다면 대중교통 또는 본인이 운전하지 않을 수 있는 방법으로 임장지까지 이동하고 그곳에서 쏘카, 그린카, 피플카 등의 카쉐어링(하루 이상의 임장을 할 경우에는 렌터카를 알아보는 것도 좋다. 본인에게 더 맞는 방법을 찾아보자)을 해서 그 지역을 돌아보는 것을 적극적으로 추천한다.

필자는 다음에서 보는 것처럼 주로 쏘카에서 여러 차례 많은 종류를 이용했다. 다른 공유 차량 사이트보다 쏘카를 많이 이용한 이유는 예약했을 때 할인을 해주는 제도도 있고 다른 사이트에 비해서 회사의 규모가 크다 보니 여러 종류의 차를 다양한 여건에 맞춰서 빌리기가 상당히 편리해서였다.

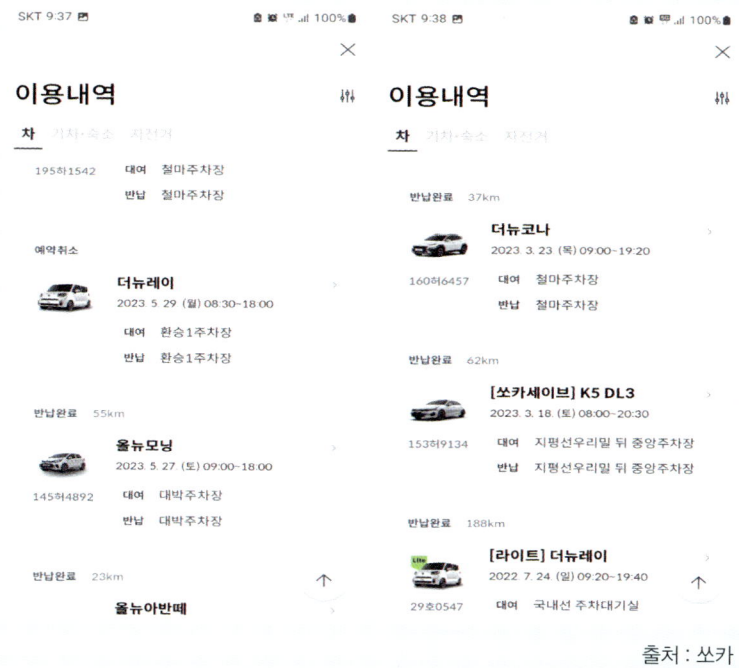

출처 : 쏘카

　물론 비용을 줄이기 위해서 주로 경차로 많이 이용했지만 임장해야 하는 거리가 상당히 멀 때는 아반떼와 같은 준중형차를 이용했다. 장거리를 경차로 이동을 하다 보면 몸도 힘들고 기동력이 떨어져서 임장하는 데 어려움이 상당히 많았다. 경비를 아끼는 것도 좋지만 상황에 따라선 내 몸 보호에 투자했으면 한다.

　임장해야 하는 지역의 범위가 작아서 이동거리가 짧다면 경차를 이용해도 좋고 그렇지 않고 운전량이 상당히 많아야 한다면 경차보다는 조금 윗등급에 있는 차를 이용해서 훨씬 효율적으로 내 몸의 건강도 챙기자.

3. 대중교통을 이용해서 임장하는 방법

　대중교통을 이용한 임장이 효율적인 도시는 계획도시다. 필자가 개인적으로 대중교통을 이용해서 임장할 때 가장 효과를 많이 본 곳은 창원의 성산구다. 성산구 전체의 모습이 거북이 모양을 하고 있지만 도로 전체가 반듯하고 지역 간의 구분이 명확한 데다가 도로 간 사이 거리가 상당히 넓어서 그 어느 도시보다 도로 체계가 체계적이고 깔끔하다는 느낌을 받은 곳이었다.

　성산구가 상당히 넓어 걸어다니기에 만만치 않은 거리였기 때문에 이때 버스를 통해서 지역을 둘러보는 방법을 처음으로 시도해봤다. 걷다가 너무 힘들어서 시험 삼아 탄 버스와 네이버 지도를 통해 성산구를 돌아봤는데 구석구석 다니는 버스가 상당히 많아 전부 살펴보는 데 무리가 없었다. 요즘은 네이버 지도를 통해 목적지까지 타야 할 버스, 배차 시간이나 환승 방법 등을 한눈에 파악할 수 있어 아주 편리하고 좋다고 생각한다. 또한 가장 큰 장점은 직접 운전을 해야 하는 것이 아니라 주변을 살펴보는 데만 신경을 써도 된다는 것이다.

　성산구를 도는 버스 안에서 주변을 봤는데 필자가 걸었던 루트에 대해서 복기도 되고 무엇보다 버스가 정차하는 정류장마다 버스를 기다리는 사람이나 주변의 환경을 더 자세히 볼 수 있었기 때문에 상당히 재미있고 좋았다. 그리고 계획도시이다 보니 도로가 되게 반듯한 데다가 어느 지역으로든 사통팔달로 뻗어 있고 지방교통 편리를 위해서 구석구석까지 버스가 다니기에 창원에 있는 모든 지역을 버스로 둘러보는 것이 상당히 편리하고 지역이 한눈에 파악되는 경험을 할 수 있었다.

　대중교통을 이용해서 임장하는 방법은 지하철보다 버스로 하는 것이 좋다. 버스는 시내를 돌아다니면서 창문 밖으로 주변을 볼 수 있기 때문에 내가 걸어왔던 길을 복기하기도 좋고 생각보다 구석구석으로 노선이 짜여 있는 경우가 많아서 그 지역을 상당히 자세히 살펴볼 수 있다. 물론 계획도시뿐 아니라도 버스노선이 비교적 촘촘한 곳은 그 어떤 지역이든 가능하다. 더욱이 도보 임장을 하다가 생활권을 뛰어넘어야 할 때 버스를 이용해서 편리하게 이동하는 것도 상당히 좋은 방법이라고 생각한다.

　이때의 포인트는 가능한 창가에 앉아서 밖을 보는 것이다. 서서 보게 되면 아무래도 힘들고 집중하기가 어려우며 위아래 시야가 좁아지기 때문에 가능한 한 편안하게 앉아서 창밖 주변 환경을 주의 깊게 보면서 버스정류장 이름을 통해서 지역을 기억해보자.
　그리고 버스를 타고 가다보면 대학교역이나 지하철역 또는 사거리 등으로 특정 지칭이 되어 있는 곳처럼 중요한 지점이라고 생각되는 곳들이 있는데 이런 곳들은 잠시 내려서 짧게라도 주변을 걸어서 보고나서 다시 다른 버스를 타고 이동하기로 하자.

　도보 임장을 계획하고 나갔다 하더라도 걷기에 도로가 너무 나쁘거나 날씨가 너무 안 좋은 경우 그 자리에서 네이버 지도 검색을 통해 원하는 곳까지의 버스 검색이 가능하니 얼마나 좋은가. 또는 너무 꾀가 나서 털썩 주저앉고 싶을 때도 잘 활용해 보자! 가끔은 자세하게 하나하나 뜯어보기보단 지역을 넘나들면서 더 많은 것을 더 빨리 보는 것이 더 나을 수도 있고, 내 몸을 더 아껴서 힘을 비축해두는 것이 더 좋을 수도 있다.

지하철로 임장하는 것은 별로 추천하지 않지만 먼 지역 간의 이동 및 도로가 막히는 시간대에 시간을 줄이고 효율적으로 이동하려면 지하철을 타는 것은 상당히 좋은 방법이다. 지하철을 이용하면 외부의 환경을 볼 수 없긴 하지만 그 도시의 구성원들이 어떻게 이루어져 있는지 보기에는 상당히 좋다.

사람들이 부동산 임장을 할 때 지하철을 중심으로 한 역세권이 부동산 가격에 미치는 영향을 보고 싶어서 일부러 지하철을 타보는 경우가 상당히 많다. 이러한 것을 파악하기 위해서 이용해보는 것은 좋지만, 이는 지역에 따라 큰 차이가 있으니 주의해야 한다. 예를 들어 대전에 있는 지하철은 도시의 부동산 가격에 큰 영향을 미치지 않는다. 지하철의 쓰임이 많은 곳, 지하철을 이용하는 연령대 및 목적에 따라 그 중요성이 달라진다는 것을 생각한다면 당연한 이야기일 것이다. 필자가 대전에 사는 것이 아니라 절대적인 결론이 아닌 개인적인 의견일 순 있겠지만 대전 안에서 다른 임장지를 이동할 때 지하철을 많이 이용하면서 한 번 더 확실히 느꼈다.

대전역에서 지하철로 유성구의 맨끝에 위치한 반석역으로 이동했는데 정말 놀랐던 것이 대전역 주변에서 아침 일찍 지하철을 이용하는 사람들이 물론 직장인들도 있었지만, 그보다 나이 지긋한 분들이 상당히 많았다. 이분들의 목적지는 대부분 온천을 즐기기 위한 유성온천역이었다는 것이다.

이처럼 지역에 따라서 지하철을 이용하는 이용객의 연령대나 이용량에 따라서 그 지역에 어떤 부류의 사람들이 많이 살고, 무슨 목적으로 이용하는지에 대해서도 파악할 수 있기 때문에 버스를 타고 임장을 했다면 돌아가는 길에 지하철을 타고 내리는 사람들을 보는 것도 그 지역의 인구 구성원을 파악하는 데 상당히 도움이 되는 방법이다. 하지만 어차피 이동을 해야 해서 지하철을 타는 경우가 아니라면 직접 타서 살펴보기보다는 역 주변에서 이용하는 사람들을 파악하면서 도시의 인구 규모와 생활 수준을 파악해보는 데 상당히 효율적인 방법이라고 생각한다. 현재 우리나라에 지하철이 있는 곳은 수도권, 부산, 대구, 광주, 울산, 대전 등의 대도시에도 지하철을 타는 유의미한 이용자들을 역 주변에서 파악해보면 좋겠다.

아파트의 주요 수요층이라고 할 수 있는 2인 이상 가구는 2034년까지 계속해서 증가할 것으로 전망된다. 설령 인구 감소 속도가 예상보다 빨라져 2인 이상 가구 수의 정점이 2034년보다 앞당겨진다고 하더라도, 수도권과 광역시의 핵심 지역에서는 당분간 수요가 증가할 수밖에 없다는 분석이 나온다.

일본의 사례에서도 확인할 수 있듯이, 인구가 줄어들기 시작하자 도쿄와 그 외 지역 간의 집값 격차는 오히려 더욱 벌어졌다. 인구 감소와 고령화가 진행되면 부동산 시장에서도 양극화 현상이 더욱 심화되며, 이런 상황에서는 중심지일수록 자산 가치가 더 유지되거나 상승할 가능성이 높다. 반면, 비핵심 지역은 수요가 급감하고 주택 가격이 하락하는 등 위험이 커지므로 투자에 더욱 신중해야 한다.

임장에서 꼭 봐야 하는 것

임장을 가면 대부분의 사람들이 임장의 시작이 아파트나 주택 같은 상품의 개별성에 주로 집중한다. 특히 요즘 신축 아파트들의 문주라고 불리는 대문이 얼마나 멋있는지에 집중하는 경우도 종종 본다.

문주가 멋있다고, 지하주차장이 아파트와 바로 연결이 되있다고, 그 집의 가격과 가치가 높은 것이 아니다. 임장을 할 때 자꾸 집의 외관에만 집중하는 경우가 너무나 많은데 임장의 본질은 집의 껍데기를 보는 것이 아니다. 우리가 투자하고 싶은 집의 가치는 그것을 둘러싼 환경에서 나온다. 어떤 사람들이 살고 어떤 생활 환경이 있고 경우에 따라 어떤 녹지나 하천 같은 자연환경을 포함하고 있는지에 따라서 그 지역의 가치가 결정되는 것이다. 그래서 임장을 갈 때 지도로 어느 지역을 찾아본다면 아파트의 개별 가격이나 놀이터 주차장을 보는 것이 아니라 그곳이 어떤 환경으로 둘러싸여 있는 곳인지 봐야 한다.

그럼 임장을 할 때 우리가 개별 단지의 외관, 가격이 아닌 무엇에 집중해야 하는지 하나하나 알아보자.

1. 그 동네의 제일 큰 스타벅스에 가봐라

종종 부동산 공부를 하다 보면 임장이나 투자를 하러 다닐 때 먹고 마시는 것에 많은 비용을 지불하는 것에 대해서 죄악시하는 경우가 있다. 하지만 필자는 이것이 틀렸다고 생각한다. 내 몸과 시간을 써가며 부동산에 집중하는 시간에는 본인 자신을 돌보지 않으면 건강이 상하거나 몸에 크게 다칠 가능성이 높다. 그래서 돌아다니는 도중에 시간과 여유를 가지고 내 몸을 추스를 시간을 꼭 가져야 한다.

그런 의미에서 스타벅스에 가서 임장을 하다가 잠시 쉬어가는 건 상당히 좋은 선택이라고 말하고 싶다. 굳이 꼭 스타벅스를 선택한 이유는 필자의 선호도 때문이 아니다. 스타벅스는 명실공히 대한민국 대중들이 최고로 선호하는 카페 브랜드다. 다방면의 다양한 사람들이 스타벅스에 와서 커피를 마시고 간단하게 식사를 하고 시간을 보내는 것이 흔한 일이다. 또한 어느 지역을 가든 스타벅스에 가면 그 지역의 특색이 묻어난다.

임장이 개인에게 앞이 보이지 않는 벽이라고 느껴지면 지도를 짜거나 걸어다니는 것이 막연하게 느껴져 어려울 수 있다. 이럴 때도 보고 싶은 지역의 스타벅스에 가서 어떤 사람들이 모이는지 파악해보면 그 동네의 수준이나 환경을 꽤 정확하게 파악할 수 있다. 본인이 사는 동네를 객관적으로 평가해보기에도 좋은 방법이다.

필자 또한 전국 각지의 많은 스타벅스를 가봤는데 그곳에 오는 사람들의 행동과 말투, 분위기를 유심히 살펴보면 그 지역에 대한 특성이 어느 정도 파악되곤 했다. 하나의 예를 들어보겠다. 인천의 공단지역이 많이 모여있는 곳에 스타벅스를 방문했었다. 아무래도 거주지보다는 공장단지가 모여있는 곳에 있는 곳이다 보니 작업복을 입은 손님들이 주요 고객들이었고 균질한 아파트 대단지가 있는 지역이 아니다 보니 어머니나 아이들이 많이 방문하기보다는 그 근처에서 근무하는 젊은 여성 직장인들과 연령대가 높은 분들이 많이 방문하는 것을 봤다.

서구 둔산동에 있는 스타벅스를 방문해보면 젊은 엄마들도 꽤 많지만, 학생들이 공부를 하러 오는 경우도 많이 보게 된다. 이 지역뿐 아니라 전국 학원가 주변은 나이 불문하고 어린 학생들도 학원에 가기 전이나 학원들의 수업과 수업 사이 시간에 잠깐 스타벅스에 들러서 음료를 한 잔 마시면서 공부하는 모습을 많이 보게 된다. 자녀가 학원 마치고 나오기를 기다리는 어머니들도 많이 보인다.

필자가 특히 스타벅스 방문을 강조하는 이유는 다음과 같다.
- 다른 커피숍들은 아무래도 개인이 운영하고 규모가 크지 않다 보니 공부를 하거나 시간을 보내면서 오랫동안 앉아있기가 상당히 불편하다.
- 하지만 스타벅스는 대부분 공간이 넓고 오래 앉아 있는 것에 대해서 눈치가 보이는 경우가 거의 없기 때문에 많은 이들이 자기의 삶을 편안하게 보내는 공간으로 생각하고 방문하는 경우가 대부분이다.
- 그렇다 보니 그 지역에서 사는 사람들이 지인을 만나거나 자신의 개인적인 업무를 보거나 그 외 여러 가지 시간을 보내는 공간으로 스타벅스를 생각하는 경우가 많다.

그래서 스타벅스에 모이는 사람들의 모습이나 행동, 생활 패턴을 보게 되면 그 지역의 거주민들이 어떤 사람들인지 한눈에 파악할 수 있다. 대체적으로 그 지역에 사는 사람들의 연령대, 특히 아이들이나 젊은 사람들이 얼마나 많은지 어떤 대화가 주를 이루고 어떤 표정과 차림인지 한눈에 파악할 수 있다. 즉, 본인의 선호도보다는 대중적인 선호도를 갖는 곳에 가야 그 지역의 흐름과 평균을 알 수 있는 것이다.

고되게 임장하는 우리들 입장을 고려하더라도 양질의 좋은 휴식은 필요하다는 것을 여러 차례 강조했다. 임장을 시작하면 신경 써야 할 것들이 많아 몸이 금방 피로해지고 탈이 나는 경우가 자주 발생한다. 그럴 경우에 중간중간에 쉬어가는 것이 매우 중요한데 필자의 경험상 불편한 공간에서 쉬고 나면 몸이 회복되기보다는 오히려 더 안 좋아지는 경우가 상당히 많다.

도보 임장을 오래 하다 보면 발도 아프고 몸도 많이 피곤한 데다 수없이 지도를 보고, 사진을 찍느라 핸드폰 배터리가 금방 닳는 등 여러 가지로 어려운 점이 많을 수밖에 없다. 가끔 조금이라도 아껴보려고 타 카페에 들어가면 충전을 하거나 테이블이 몇 개 없어 충분히 쉬기에 눈치가 보인다거나 한 경험이 있었다. 앞에서 말한 임장 목적으로라도, 임장자의 안락한 쉼을 위해서라도 스타벅스가 최적의 장소라고 생각한다. 음료 가격이 다른 카페에 비해 다소 비싸다는 건 인정하지만 적어도 내 몸을 돌보는 비용으로 그 정도의 가격을 지불하면서 나를 돌아보고 재충전할 수 있다면 얼마든지 부동산 투자의 일환으로 생각하면 좋겠다.

그리고 스타벅스의 가장 큰 장점 중의 하나는 주차다. 차 임장 시에는 주차 공간도, 시간도 마땅한 스타벅스가 정말 최적의 장소일 수밖에 없다.

또 하나 스타벅스가 중요한 이유는 여성의 심리 파악을 위해서다. 대한민국 부동산 가격을 움직이는 것은 남성의 마음보다는 여성의 마음이 더 큰 영향을 미친다고 생각한다. 스타벅스라는 공간은 아직은 상당수 여심을 꽉 잡고 있는 그런 트렌드적인 공간이기 때문에 여성들의 방문이 꽤 높다. 시즌별로 나오는 음료나 상품 같은 것들을 구매하고자 하는 여성들도 많고 여가를 보내거나 공부, 작업 등을 위해 방문하는 경우다.

주로 현지에 사는 사람들이 와서 시간을 보낸다고 봤을 때 그곳에 머무는 여성들의 옷차림이나 행동을 보면서 그 지역에 유소년기 자녀를 키우는 엄마들, 직장 여성들이 차지하는 비중을 통해 젊은 여성들이 사는 지역인지에 대한 파악이 쉽게 이루어질 수 있다. 대한민국에서 하나의 문화로 자리 잡은 스타벅스를 그 지역의 수준과 환경을 파악하는 가장 짧고도 효율적인 방법이라고 생각한다.

마지막으로 인구가 줄어들고 있는 현재 상황에서 상대적으로 가치가 높은 곳들이 유난히 4인 이상의 가족을 이루는 경우가 많은데 스타벅스에 가게 되면 가족 단위로 와서 시간을 보내는 경우도 자주 볼 수 있어 가족 구성 단위도 어느 정도 한꺼번에 파악할 수 있기 때문에 내가 투자하고 임장하고 보고 싶어 하는 지역의 특색을 스타벅스에 머무는 1시간 또는 2시간 정도의 시간으로 한눈에 많은 것을 파악할 수 있는 것이다.

그래서 내가 사는 지역에 대해서 한눈에 보고 싶은데 당장 임장을 나가기 어렵다면 주말이든 평일이든(이왕이면 주말, 평일 다 가보면 더 좋을 것 같다. 고객층의 차이를 확연히 알 수 있는 기회가 된다) 스타벅스에 가서 어떤 사람들이 오고 어떤 행동과 대화를 하는지 자세히 지켜보는 것부터 해보자. 나름 쉽고도 편한 임장의 한 방법으로 추천한다. 단, 본인의 여가나 업무에 너무 치우쳐 고객들, 분위기 등 살피기에 소홀하면 절대 안 된다는 것을 명심하자.

참고로 필자는 스타벅스에서 사람들을 관찰할 때 입구 쪽이 잘 보이는 제일 구석에 자리를 잡는다. 그 이유는 어떤 사람들이 들어오고 나가고에 대한 파악도 쉽지만, 그곳에 앉으면 입구부터 내가 앉아 있는 자리까지 고객들을 전체적으로 볼 수 있어서 그들의 행동, 차림, 간간이 들려오는 대화까지 파악하기 수월해서다.

이렇게 사람들을 유의미하게 봐야 하는 이유는 그 지역을 구성하는 요소 중에 가장 큰 비중이 사람이기 때문이고 이러한 사람들이 모여서 문화를 이루고, 그 문화를 통해서 공간과 환경이 만들어지기 때문이다. 지금 당장 이 책을 들고 스타벅스에 가서 마저 읽으며 사람들과 분위기를 살펴보는 건 어떠한가. 무엇이든 시작해보자!

2. 학원가를 꼭 가봐라

대한민국 부동산 가격에 있어 가장 밀접한 관계를 이루고 있는 요소를 꼽으라고 하면 단연코 학원가일 것이다. 학원가가 중요한 이유는 대한민국 사람들에게 있어 너무 큰 중요 요소이기 때문이다. 대부분의 부모님은 자녀가 공부를 잘해서 성공한 삶을 살기를 바란다. 그런 의미에서 자녀들의 유소년기에는 집과 학교, 특히 학원과의 동선이 짧고, 공부에 집중할 수 있기를 바란다. 그러므로 당연히 잘 형성된 학원가 주변의 아파트 가격은 전국 어디를 가나 높을 수밖에 없다.

그래서 임장을 할 때 꼭 그곳의 환경과 수준을 파악해보기 위해 학원가가 많이 몰려 있는 곳에 가서 어떤 연령층의 학생들이 있고, 어떤 과목들로 이루어져 있는지를 꼭 봐야 할 필요가 있다. 단순히 학원 개수가 아닌 초중등을 넘어 재수생들까지 다양한 대상들이 이용 가능한 학원가, 단과뿐만 아니라 여러 과목을 모두 아우를 수 있는 종합학원들의 종류와 개수 등의 차이가 학원가의 질을 평가할 수 있는 기준이 된다. 정말 많은 대한민국 부모의 꿈은 내 자녀의 성공이기 때문에 내가 가진 모든 경제적 능력과 시간과 노력을 쏟아부어서라도 좋은 대학에 진학하기를 바라고 투자하고 찾아다니는 것이 전혀 이상하지 않다.

이런 것으로 비춰볼 때 학원가와 그 주변에 형성되는 상권이나 그 외 여러 가지 시설들을 주의 깊게 살펴볼 필요가 있다. 학생들이 어떠한 편의시설을 많이 이용하는지, 그래서 어떤 상업시설들이 많은 자리를 차지하는지, 유해 시설이 있는지, 자녀들을 라이딩 해주실 부모님들이 이용할 수 있는 상업시설도 적당한지 등 부가적으로 살펴볼 수 있는 것들이 많다.

하나의 예를 들어보겠다. 수도권 안에 있는 어떤 도시를 가게 되면 학원가가 있긴 한데 학원들과 학생들을 위한 편의시설 등만 있는 것이 아니고 중국어로 쓰여 있는 간판이 상당히 많고 유흥 관련 업종들이 한 건물에 섞여 있는 경우를 많이 볼 수 있다. 이처럼 학원가라 하더라도 균질하게 학원으로만 구성되어 있는지 아니면 아동 및 청소년들에게 있어 유해 업종들과 섞여 있는지를 보게 되면 그 지역의 유소년기 학생들이 이룰 수 있는 학업성취도에 대한 가늠도 가능하고 그 지역의 집값과 수준이 어느 정도는 파악이 될 수 있다는 것이다.

이런 환경적인 부분이 중요한 이유는 부모님들의 마음과도 직결된다. 아무래도 내 아이가 유해 환경에서 공부하는 것보다는 오직 공부에만 집중할 수 있는 환경에서 열심히 공부하기를 바라기 때문에 오직 학원과 자녀들에게 필요한 편의시설로만 구성된 균질한 지역에서 내 아이를 키우고 싶기 때문이다.

하지만 도시의 구성이 부모님의 마음으로만 이루어지는 것이 아니기 때문에 사는 지역의 수준과 건물주가 기대하는 만큼의 소득의 크기 등의 영향으로 상가 구성의 균질성이 좌우될 수 있다. 그렇다면 상가의 구성이 균질하다는 것은 어떤 의미일까? 그것은 바로 인구다. 인구가 많은 곳에서는 상권이 지역별로 분리되어서 유흥업이 모여 있는 공간이 별도로 존재할 수 있고 식당가가 몰려 있는 지역도 별도로 존재할 수 있고 학원도 한 건물에 전체로 들어가 있어서 균질성을 가질 수 있는 것이다. 반면 인구가 적고 제조업 등 공업이 주를 이루는 지역이라고 하면 다양한 종류의 업종들이 한 건물에 들어가 있을 가능성이 높은 것이다.

그런데 여기서 또 주의할 것은 인구수와 상가 수입의 균질성에 따른 공식이 늘 적용되는 것이 아니라는 점이다. 일례로 창원의 상남동이 그러한 데 창원이 대기업도 많고 인구도 많은 도시이긴 하지만 학원가는 상남동 일대에만 집중되어 있다. 그런 상남동 일대의 유명 학원들이 있는 건물에는 식당, 술집, 노래방 등 다양한 업종이 혼재되어 있다. 즉, 부동산 공식이 모든 지역에 늘 똑같이 적용되지 않고 지역적 특성을 고려하고 살펴봐야 한다는 것을 잊지 말자.

이런 지역마다 다른 특징을 살펴볼 방법이 바로 임장이다. 공식적으로 적용되는 룰이 지역의 특색에 따라 상당히 다르게 적용되는 사례를 그 지역을 보고, 또 지역 간의 비교를 통해 도시의 특징을 파악하는 것이 투자에 있어서 상당히 필수적이라는 것을 이야기해주고 싶다.

실제로 학원가가 집 가격에 영향을 미치는지에 대해서 가장 파악하기 좋은 지역이 대치동이다. 대치동을 가보고 가장 놀란 것은 학원의 개수만큼은 아니더라도 일반 스터디 카페에서부터 이른바 '관독'이라고 불리는 전문적 관리형 독서실이 아주 즐비했다. 학생들이 아주 늦은 시간까지 공부하고 나와 집까지 길을 걸어 다니는 것에 대해 전혀 위험하다고 생각하지 않은 듯했고 패스트푸드나 김밥, 설렁탕집 등 학생들이 허기를 달랠 수 있는 업종들이 24시간으로 돌아가고 있었다. 더불어 이 상권 안에 수많은 식당과 가족 단위로 간단히 즐길 수 있는 주점은 있긴 하지만 네온사인 반짝이는 유흥주점이 함께 있지 않은 것도 매우 좋다고 생각한다.

그러다 보니 학생들이 학원가에서 공부를 마치고 돌아가서 쉬고 잘 수 있는 수많은 집들 중 도보 500m~1km 안의 근거리에 있는 집의 가격들이 다른 지역과 비교했을 때 압도적으로 높은 수준의 가격을 유지하고 있었다. 그리고 무엇보다 거래도 활발하고 가격 변화가 외부 영향도 비교적 덜 받는 안정적인 모습을 보이는 곳이 대치동이라고 생각한다.

학원가와 집의 가격에 대한 관계를 한눈에 파악해보고 싶다면 꼭 대치동에 가서 주변 학원가와 상권을 둘러보기를 추천한다.

또 하나 학원가를 봐야 하는 이유는 부동산 투자에 있어 아파트를 적기에 팔 수 있는가 없는가에 대한 부분이다. 당연한 이야기지만 가족 단위를 이루고 있는 가구들이 많은 지역은 세대의 유입 또는 유출이 많기 때문에 거래량이 활발하다.

반면 1인 가족이 많이 사는 지역 같은 경우에는 아무래도 인구의 이동이 적기 때문에 거래량이 적을 것이고 내가 원하는 시기에 아파트를 팔고 다른 지역으로 이동하고 싶을 때 매매가 상당히 어렵다. 하지만 가족 구성원이 다양한 가족들로 이루어진 지역 및 단지는 단지 내에서도 작은 평수에서 큰 평수로 옮긴다든지, 아빠나 엄마의 직장이 바뀌어서 다른 곳으로 이사를 해야 한다든지, 아니면 자녀의 교육을 이유로 학군지로 이사를 해야 한다든지 등 서로 다른 여러 이유로 이동을 하기 때문에 내가 투자했던 지역을 팔고 상급지 또는 원하는 지역으로 이동할 때 매매 및 이동하기가 비교적 쉽다. 그래서 가족 단위 구성원이 많은 지역에 들어가서 투자를 하는 것이 좋고, 이왕이면 학원가가 균질하게 한 건물에 다 들어가 있는 지역은 그만큼 학생들 수요가 많다는 것이니 아무래도 부동산 투자의 위험을 줄일 수 있다.

임장을 하다 보면 그 지역에 투자를 할 경우 나중에 팔고 싶은 타이밍에 매도하는 것이 쉬울지 어려울지 한눈에 파악할 수 있게 된다.

즉, 앞서 본 바와 같이 가족 단위 구성원들이 많은 곳에 아파트를 소유하고 있을 때는 이동에 대한 변수가 많기 때문에 필요한 시점에 투자한 물건을 팔 수 있는 가능성이 높아 다른 투자까지 더욱 손쉽게 이어질 기회를 가질 수 있다.

그리고 학원가를 통해서 지역의 가치를 파악할 때 중요한 것이 상가 건물에 들어가 있는 학원의 업종이 어떤 것인가를 보는 것이다. 실제로 사교육이 엄청나게 활발하고 집값이 비싼 지역을 가면 많은 종류의 학원들이 있는 것을 볼 수 있다.

학년, 학업 수준에 따라 국영수사과, 제2외국어는 물론 예체능도 세분되어 원하는 운동, 악기 등을 손쉽게 골라 등록할 수 있고 이런 여러 과목이 한 건물 안에서 해결이 될 정도로 빽빽하게 들어서 있어 아이들도 부모님들도 여러모로 다양성과 편리성을 누릴 수 있다. 이 모든 공급은 수요가 이끌어낸 결과물들이 아닐까 싶다. 즉 사교육에 대한 열망이 엄청나게 높다는 것이고 이를 해소할 수 있는 능력, 각 가정의 소득수준이 대부분 높다는 뜻일 것이다.

3. 맛집을 가보자

임장을 하면서 전국에 있는 맛집을 정말 많이 가본 것 같다. 음식을 먹으러 갔다기보다는 그곳에 어떤 사람들이 모이는지를 파악해보려고 많이 갔었다.

대전의 경우 성심당 또는 태평소국밥 같은 곳을 여러 번 가서 주변에 모이는 사람들을 봤었는데 그렇게 모이는 사람들이 관광객일 수도 있지만, 현지인들도 많이 와서 그 음식을 즐기는 것을 보며 그 지역 사람들의 모습 및 선호도까지 알 수 있었다.

이처럼 유명한 맛집 및 상권은 그 주변의 상권이 얼마나 활성화되었고 이에 따라 그 도시가 띠는 활기가 어떤지 파악해 도시의 매력을 볼 수 있는 상당히 유의미한 지표였는데, 특히 유성구에 몰려드는 사람들을 보면서 서구는 거주를 위한 지역인 반면 상권 자체가 활성화되어 있는 곳이 유성구라는 것을 많이 느꼈다.

이런 부분은 특히 인구가 상당히 적은 지역에서 유의미하게 적용할 수 있는데 크리스마스에 임장했던 세종시를 예시로 들어보겠다. 길에 사람이 적다 못해 너무 한산한 느낌까지 받았으나 크리스마스 특성상 가족 구성원들이 함께 가정에서 시간을 보내거나 다른 지역으로 놀러 가는 경우가 많아 그런가 보다 했었다. 하지만 점심시간이 되어 미리 검색해두었던 충남순대라고 하는 외딴곳에 떨어져 있는 식당을 방문하는 순간 정말 놀라울 따름이었다. 세종시의 모든 사람이 그곳에 식사하러 오는 듯한 느낌을 받았기 때문이다. 순대국밥을 파는 세련되지 않은 보통 식당이었지만 대기시간이 1시간이 넘게 걸렸고 대기하고 식사하는 내내 끊임없이 차가 들어오는 모습을 보면서 세종시에 정말 많은 사람이 살고 있다는 느낌이 들 정도였다. 크리스마스에 세종시 라는 곳에 관광하러 오는 사람들이 얼마나 되겠는가. 역시나 갓 자고 일어난 모습으로 편안한 옷차림을 한 채로 아침식사 또는 점심식사를 해결하러 오는 사람들이 대부분이었다. 내가 또 한 번 놀랐던 건 다름이 아니라 젊은 나이대의 가족 단위 손님들이 상당히 많았다는 것이다.

이렇게 그 지역 유명 식당의 고객층이나 일상생활 패턴 등을 통해 그 지역 사람들의 생활 모습이나 인구 구성 등을 파악할 수 있는데 이렇게 작은 도시의 경우에 맛집에 방문하는 사람, 특히 관광지가 아닐 경우에는 이 지역 사람들이 어떻게 생활하는지에 대해 파악하기에 좋은 방법이다. 모든 맛집을 다 가볼 수는 없지만 정말 유명한 한두 식당에 가서 그 지역에 사는 사람들의 모습을 살펴보는 건 매우 유용한 방법이라고 생각한다. 그리고 남들은 시간 내서 일부러 찾아도 오는 맛집을 임장하는 김에 들러볼 수 있다는 것은 임장의 보너스라고 생각하는 것도 좋을 것 같다.

요즘은 집 안에서 모든 식사를 해결하거나 모든 가족 구성원이 주말에 집에 모여 식사를 하기보다는 밖에서 간편히 해결하는 경우가 많기 때문에 주말 또는 공휴일, 기념일 등에 지역의 맛집에 들러서 가족 단위 구성원들이 식사하는 경우를 자주 볼 수 있다. 우리가 집집마다 들러 가족 구성원이 어떤지 살펴보기 어렵기 때문에 이렇게 식당 등에서 구성원들을 파악해보는 것은 상당히 유의미하다고 볼 수 있다.

광역시급 대도시는 관광지가 아닌 곳임에도 아침 시간에 식당에 몰려드는 사람들을 보면서 가족 구성원들을 파악할 수 있었는데 특히, 서울 수도권의 경우 직장이 가까운 곳들은 가족 단위 구성원들보다는 개인 또는 2인 가족들이 정말 많았고, 학원가가 몰려있거나 대단지의 균질한 아파트가 있는 지역은 3, 4인 가족들이 상당수를 차지했다.

　필자가 사는 지역도 인구가 적은 편이 아닌데 서울·수도권을 임장하며 지방과 다르게 인구가 정말 많다는 것과 그 파급력의 수준이 다르겠다는 것을 느낄 수 있었다.

　출산율이 급격히 줄어 인구가 줄고 있다고는 하지만 이 와중에도 가족 단위 구성원들이 많고 젊은이 많은 지역은 충분한 가치가 있는 지역이므로 이러한 점들을 염두에 두고 지역의 특성을 면밀히 파악하는 것이 상당히 중요하다. 여러 그래프상으로 드러나 있는 인구 구성은 실제로 믿을 만한 데이터라고는 하지만 더 구체적으로 어떤 연령대들이 어떤 지역에 집중해서 살고 있고 어떻게 생활하는지까지는 데이터상으로 전부 파악하기는 어렵다. 그래서 임장을 다니고, 가능하면 그 지역의 맛집들을 둘러보라는 이야기다

　요즘은 꼭 식사하는 식당뿐 아니라 카페, 제과점들도 분위기를 살펴보는 데 큰 몫을 한다(여기서 방문하는 곳의 기준은 잠시 잠깐 유행하는 곳이 아니고 마치 스테디셀러처럼 오랫동안 그 자리를 지키며 많은 사람이 찾았고 찾는 곳으로 하자).

　강남구에 있는 김영모 과자점을 시간을 달리해 방문했는데 이른 아침부터 오후 늦은 시간까지 많은 사람들이 빵을 사는 것을 볼 수 있었다. 가격이 여타의 제과점보다 높긴 하지만 그 이상의 맛과 품질, 명장의 명성과 신념을 믿고 큰 만족감을 얻을 수 있다는 이유로 사랑받는 곳이다. 대부분 오래전부터 방문한 듯 선호하는 제품을 자연스럽게 담고 계산하는 모습에서 어르신들부터 아이들에 이르기까지 이용하는 곳이라는 느낌이 바

로 들었다. 또 서울 3대 빵집이라고도 하니 외부인들의 방문이 상당했는데 옷차림과 간간이 들려오는 이야기에서 일부러 찾아온 것을 알 수 있었다. 이렇게 곳곳에 있는 식당이나 카페 등에 들러 그 지역에 얼마나 많은 사람이 몰려드는지 그 지역에 대한 선호도가 얼마나 되는지 파악해보는 것은 부동산 투자처로서 가치가 있는지 없는지를 판단하는 데 좋은 기준이 될 것이라고 생각한다.

부동산 가격이 올라간다는 건 꼭 그 지역이 새것처럼 변해서가 아니다. 그 지역에 얼마나 많은 사람이 몰려들고, 와서는 얼마나 많이 소비하느냐에 큰 영향을 받는다. 이 요소들에 대한 가치 변화는 성동구를 임장할 때 확실히 체감할 수 있었다. 성동구에는 여러 지역이 있지만 그중에서도 서울숲길이나 그 주변으로 개발이 되어 깨끗하게 정비가 되어 있는 곳들을 다니다 보면 환경의 변화와 더불어 많은 젊은이들이 와서 먹고 즐기며 소비를 하는 모습들이 보였다. 이미 새것들로 만들어진 지역들도 많다.

우리가 돈을 많이 벌려면 현재 가격은 낮지만 앞으로 엄청난 변화를 겪으면서 더 좋아질 곳들을 찾아야 한다. 젊은이들의 선호도가 높아지는 지역이 바로 그런 보물이라고 할 수 있다. 부동산의 가치는 그 땅을 밟은 사람들이 많아질수록 훨씬 더 가치가 올라가기 때문이다.

이러한 것을 측정할 수 있는 좋은 지표 중의 하나가 맛집이라고 생각하는데 정말 많은 지역을 돌아다니면서 젊은 사람들이 몰리는 지역이 다음에 말끔한 지역으로 변신이 되고 가치가 엄청나게 올라가는 경우들을 많이 볼 수 있었다. 물론 맛집이 많다고 해서 무조건 부동산 가격이 올라가는 것은 아니지만 요즘은 직주근접과 더불어 내가 사는 곳에서 가깝게

즐길 수 있는 생활 여건들을 중요하게 여기고 있으므로 가치상승에 큰 영향을 줄 것이라는 생각이다. 즉, 앞으로 가치와 환경이 바뀔 수 있는 것에 대한 척도로 젊은이들이 얼마나 그 지역에 많이 몰리는가를 삼아 유심히 살펴보도록 하자.

4. 상가의 구성을 보자

임장을 하다 보면 식사도 해야 하기도 하고 쉬는 시간도 가져야 하기 때문에 큰 상가에 들어가 있는 식당이나 커피숍을 이용하는 경우가 상당히 많다. 상가의 구성을 통해서도 도시의 가치를 한눈에 파악할 수 있다.

베드타운으로 구성된 일부 도시를 보게 되면 곳곳에 빈 상가가 상당히 많은데 특히 전면 상가보다도 후면의 상가가 전부 공실인 경우가 많다. 하지만 인구가 많아 도시의 활기가 넘치고 아파트 거래량이 많은 도시에는 전면 후면을 생각할 것 없이 전 상가에 다양한 업종들로 가득 찬 경우가 많다.

하지만 여기서도 면밀히 봐야 할 것이 있다. 도시 구성원의 연령대가 높으면 상가의 구성이 의료기, 보조기, 건강식품 등이 대다수를 차지하는 경우가 많은 반면 젊은 가족 단위 구성원들과 유소년기 학생들이 많다면 한 건물 전체가 1층은 대기하거나 간단히 식사할 수 있는 곳과 학원으로 이루어진 경우도 상당히 많으니 유심히 보도록 하자.

또한 인구가 적은 지역일 경우 한 건물에 의료기, 학원, 상가, 병원, 식당 등 여러 가지 업종이 혼재되어서 건물의 구성을 이루는 곳들도 많다. 인구수의 차이로 상가의 구성 내용이 달라질 수 있음도 알아두자.

이처럼 상가의 구성을 보는 이유는 고연령대의 인구가 많다면 주택 거래 및 인구의 이동이 활발히 일어나지 않기 때문이다. 아무래도 젊은 연령대의 사람들이 많고 유소년기 자녀를 둔 3인 이상의 가족 단위 구성들이 많은 곳이어야 자신이 살고 있는 곳보다 상급지, 더 넓은 평형으로 이동하려는 수요가 많기 때문에 이러한 곳이 투자로서의 가치가 있는 것이다. 우리가 사는 지역이 어떤 곳이고 또 옆 동네에 비해 어떤지 상가 구성을 살펴보며 객관적인 가치 판단을 해보는 것도 좋을 것 같다.

실제로 안산과 시흥 주변을 임장하면서 느낀 것이 도시의 규모가 작은 이유도 있겠지만 근처에 공업 지역이 있다 보니 상가가 하나 또는 비슷한 업종으로 이루어져 있기보다는 전혀 연관성 없는 다양한 업종이 섞여 구성된 경우가 상당히 많았다. 그러다 보니 유소년기 자녀들이 다니는 학원이 있는 건물 안에도 유해 업종들이 함께 있는 경우가 많았는데 이것은 그 지역의 주요 산업을 따르거나 주민들의 직업군이 워낙 다양하게 이루어져 있기 때문에 어쩔 수 없이 일어난 일이라고 생각한다.

그리고 상가의 구성을 볼 때 또 하나 파악해봐야 할 것이 SSG푸드마켓, 롯데슈퍼그랑그로서리 같은 고급마트가 있느냐의 여부인데 오늘날 쿠팡, 쓱배송과 같은 배송산업의 획기적인 발전으로 온라인 구매를 많이 이용하고 있기는 하지만 사람의 생활이라는 게 모든 것을 온라인으로 해결할 수는 없다는 점 때문이다. 대체로 집값이 높거나 사람들이 선호하는 지역일수록 품질이 매우 좋은 식자재, 식품 등을 파는 경우가 상당히 많앉다. 이러한 프리미엄 마트들이 흔치 않다는 것을 감안한다면 그 지역의 가치나 잠재력을 파악하는 데 상당히 많은 도움이 될 수 있다.

공업지역이라고 다 같은 분위기 및 가치를 갖는 것은 아니다. 대단지 거주와 직장이 분리되는 경우도 많기 때문에 꼭 앞의 사례와 모두 동일할 것이라는 생각은 버리자.

창원의 경우 인구밀집도가 높은 성산구에 좋은 거주지, 좋은 직장들이 다양하게 자리 잡고 있지만, 학원가를 이루는 주변에 여러 가지 업종이 혼재해 있어 위에 설명한 기준대로 이 지역을 판단하게 되면 마치 성산구가 가치가 없는 지역으로 보일 수 있다.

하지만 실제로 성주동이나 그 외의 지역을 보게 되면 학원상가 주변으로 유해 업소들이 눈에 잘 띄지 않는 반면, 용호동은 종종 섞여 있어 자칫 안 좋은 곳으로 판단될 수가 있다.

하지만 이는 잘못된 판단이다. 인구 백만 명의 창원의 경우 극히 소수 지역의 인구밀집도가 높고 직장도 한가운데 몰려 있는 경우가 많기 때문에 같은 기준으로 이 지역의 가치를 판단할 수는 없다. 그러므로 상가와 주변을 둘러보면서 지역을 판단하는 연습을 자주 해야 지역의 가치를 한눈에 판단할 수 있다. 다시 한번 임장의 중요성을 역설하는 바다.

나도 처음에 창원을 임장할 때 한 상가 안에 여러 가지 업종이 혼재된 것을 보고 이 지역의 가치에 대해서 상당히 혼란스러웠던 적이 있다. 하지만 지역마다 사람들이 살아가는 방식이 다양하고 직장의 범위 및 업종을 구성하는 것들도 다양하기 때문에 상황에 대한 여러 가지 변수가 생기기 마련이다. 이래서 부동산 투자가 어렵다는 것이다. 한 가지 기준으로 깨끗하고 쾌적한 것만 찾게 되면 베드타운에 눈이 가기 마련이고 실제로 생산적인 가치를 생각하지 못하게 되는 경우가 많다는 것에 유의하자.

하지만 경험이 쌓이게 되면 이 지역이 왜 이렇게 구성되어 있는지 알 수 있고 한 가지 기준이 아니라 다양한 기준으로 다양한 사람들의 가치 판단을 이해할 수 있기 때문에 결국 임장을 다니며 지역을 보는 눈을 넓혀야 한다. 그러한 면에서 상가를 보고 지역을 파악하며 앞서 언급한 스타벅스, 학원, 맛집, 상등 등을 순서대로 잘 살펴보면 그 어떤 요소들보다 지역의 가치 판단에 큰 도움을 줄 것이다.

조급함은 오히려 행운을 멀어지게 한다. 일을 서둘러 결정하다가 후회하거나 대가를 치른 경험이 한두 번이 아니다. 부동산 투자도 마찬가지다. 처음 투자를 시작할 때 나 역시 조급한 마음에 사로잡혔다. 그러나 부동산 투자는 단기간에 큰돈을 버는 일이 아니라, 오랜 시간에 걸쳐 자산을 늘려가는 인생의 긴 여정임을 알게 되었다.
서두르다 보면 반드시 실수가 생기고, 그로 인해 소중한 자산을 잃게 된다. 꼼꼼히 살펴보고 차분하게 비교 평가하는 습관을 길러야 한다. 부동산 투자에 성공하고 싶다면, 절대 조급한 결정을 내리지 말아야 한다. 무엇보다도 서두르지 않고, 시간을 두며 현명하게 판단하는 자세가 중요하다.

임장을 효율적으로 하는 법

1. 규칙적인 임장 시간을 습관으로 만들어야 한다

임장을 효율적으로 하는 법은 결국 임장에 익숙해지는 것이다. 많은 이들이 일상생활을 하면서 임장을 하는 시간을 따로 빼는 게 상당히 어렵다는 것을 직접 경험해본 자로서 많이 공감한다. 하지만 임장을 맹목적으로 하려는 노력이 삶을 힘들게 하는 것이지 출근시간이나 퇴근시간 또는 짬짬이 나는 여유시간에 임장하는 것을 습관으로 만든다면 얼마든지 효율적으로 할 수 있다.

앞에서도 이야기했듯이 여행을 내가 가보고 싶은 임장지로 선택하는 방법도 있고, 출퇴근하면서 조금 더 시간을 들여 돌아보고 온다든지, 아니면 내가 왔던 길이 아닌 다른 길로 퇴근길을 짜본다든지의 방법들로 얼마든지 임장을 많이 해볼 수 있는데 이러한 방법들은 서울·수도권에서 더 유효하다고 생각한다. 지방의 경우는 가봐야 할 곳이 특정 지역으로 정해져 있기 때문에 실제 투자를 할 만한 지역인 몇 곳 정도만 둘러보면 그 지역의 전반적인 가치에 대해서 다 알 수 있다고 생각을 하기 때문이다.

지금부터는 단계적으로 효율적인 임장은 어떻게 하는 것인지 차근차근 순서를 들어 설명해보겠다.

임장을 효율적으로 할 때 가장 먼저 고려해야 할 것이 내가 시간을 얼마나 할애할 수 있는가를 파악해보는 것이다. 무한정 시간을 쏟아서 하면 좋겠지만 직장도 다녀야 하고 집안일도 해야 하고 개인 생활도 해야 하기 때문에 밸런스를 잘 따져 일주일 또는 한 달 중에 얼마큼의 시간을 투여할 수 있는지를 파악해보는 것이 가장 중요하다.

시간 배분이 중요한 이유는 많은 시간을 내어 하루 만에 한 지역을 둘러보면 좋겠지만 각자의 사정이 다르기 때문이다. 각자의 생활에 맞게 여러 번 와서 임장을 할지 아니면 하루를 전체 할애해 끝낼지를 결정하기로 하자. 더욱이 임장지가 멀 경우 하루에서 이틀까지도 시간을 내야 하는데 이런 경우 그 주기를 정하고, 다른 스케줄과 잘 조정을 해야 한다. 효율적인 시간 배분은 무엇보다 중요하다.

시간은 누구에게나 하루 24시간으로 똑같고 우린 그 시간을 나누어 써야 한다. 특히나 전업 투자자가 아니라면 나의 온 시간을 부동산 투자에 쏟을 수는 없을 것이다. 그래서 효율적인 시간 분배가 중요한 것이고 쏟는 시간만큼은 정말 성실히 임해야 한다.

그렇다면 얼마의 시간을 써서 임장하는 것이 효율적일까? 필자의 경우에는 한 달에 두 번 정도는 하루나 연속 이틀의 모든 시간을 임장하는 데만 썼다. 아무래도 지역을 면밀히 보며 연속성을 파악하려면 많은 시간을 들여서 한 지역 또는 두 지역을 한꺼번에 보는 것이 중요하다고 생각했기 때문이다.

만약에 아직 이 정도의 시간을 내는 것이 심리적으로나 물리적으로 어렵다면 퇴근 이후의 시간을 활용해봐도 괜찮다. 퇴근 이후 지하철이나 차 또는 도보로 한두 시간 내에 움직일 수 있는 거리를 파악하고 미리 시간 스케줄을 짠다면 주말에 굳이 많은 시간을 내어서 임장하지 않는다고 하더라도 충분히 많은 것을 할 수 있다. 임장을 쉽게 시작하지 못하는 이유 중에 큰 것이 많은 시간 소요라는 것을 잘 안다. 이럴 때는 퇴근 후, 주말 일부 등 규칙적인 시간 고정을 통해 작게라도 시작해서 습관화시키는 것이 중도포기 없이 오래 갈 수 있는 좋은 방법이다.

월 2회 임장 기준으로 조금 더 설명해보겠다. 한 달에 두 번 정도 하루 또는 주말 모두 꼬박 시간을 내어 임장을 한다고 가정했을 때 매월 첫째 주 셋째 주 토요일로 명확하게 정해놓고 그 날짜는 하늘이 두 쪽이 나는 일이 있더라도 꼭 지키는 것이 중요하다. 왜냐하면 일상을 살아가다 보면 결혼식이나 경조사 같은 꽤 오래전에 선약된 행사들도 있지만, 그 외에도 급작스레 생기는 행사들도 많은데 막연하게 횟수만 정해놓은 임장은 당연히 뒤로 밀리게 될 거고 결국 까마득하게 잊힐 확률이 높다. 물론 더 중요한 행사가 있을 땐 그다음 주로 미루는 융통성은 있겠지만 기본적으로 월 2회 원칙은 유지해야 한다.

필자의 경우에는 매주 토요일, 일요일 단위로 떠났었는데 갈 지역과 가봐야 할 곳을 미리 정해놓고 짧게는 3개월 길게는 6개월 정도의 스케줄을 미리 다 정해놓고 몇 달 치 기차표를 미리 예매해 놓았었다. 단, 필자는 부동산 강의와 투자에 많은 뜻이 있고 이쪽으로 나아가려고 하는 목표가 있어서 실력을 키우는 과정으로 이렇게 한 것이지 일반인이 부동산 투자를 하기 위해서 이렇게까지 하는 것은 자신은 물론 직장, 가정 그리고 그 주변의 모든 사람에게 피해를 줄 수도 있기에 이렇게까지 하는 것은 절대로 추천하지 않는다.

임장을 효율적으로 하는 방법도 사람과 사는 지역에 따라 다르다. 만약에 내가 서울 수도권에 거주하고 있다면 굳이 지방 임장을 추천하지 않는다. 왜냐하면 실제적인 부동산 가치는 지방보다 수도권 지역이 훨씬 높기 때문에 내가 사는 도시의 수준이 일정 수준 이상이고 많은 직장이 있고 주변에 사는 사람들이 많다면 첫 번째로 임장을 해야 하는 곳은 내가 사는 주변부터다.

그리고 내가 사는 주변보다 한, 두 급지 정도 높은 지역만 둘러봐도 분명히 다른 지역으로 눈을 돌릴 수 있는 시야가 생기기 때문에 단계적으로 거주지 또는 투자지를 올릴 수 있는 효율적인 투자를 할 수 있을 것이다. 물론 사람마다 제일 좋은 지역에 살기를 바라지만 그것은 실제로 내가 버는 돈의 크기가 엄청나게 커져야 할 수 있는 선택이기 때문에 이렇게 초반에 최상급지까지 필수로 보는 것을 강제하지는 않는다.

하지만 임장을 하는 데 있어서 가장 효율적인 방법은 대한민국에서 제일 좋은 동네를 먼저 한 번 둘러보고 이 지역이 가진 위력과 가격의 크기가 얼마인지를 주변 환경을 통해 몸소 체험해보는 것을 적극적으로 추천한다. 그리고 실제로 대한민국에서 제일 비싼 동네인 강남의 압구정이나 서초와 같은 동네 근거리에는 볼거리, 먹을거리, 즐길거리가 많기 때문에 내가 시간을 내서 임장을 한다는 의무감이 아니더라도 즐기러 간다는 마음으로 주변을 가볍게 둘러보고 어떠한 환경으로 이루어져 있는지 차근차근 보는 것도 괜찮다고 생각한다.

반면 내가 사는 지역이 지방이라고 한다면 무작정 서울 수도권에 임장을 가려고 하면 시간과 비용이 많이 든다. 그래서 내가 사는 지역에서 제일 좋은 구에 가서 그 주변을 둘러본 후 그곳 다음으로 좋은 곳 정도를 둘러보는 것이 좋은데, 지방의 경우 이렇게 임장을 한다면 한 달을 기준으로 3일에서 4일 정도면 충분하다. 만약 한 달 내에 이 정도 시간을 낼 수도 없다면 검색을 통해 그 지역의 정보를 미리 충분히 학습한 후에 한 달에 한 번 또는 두 번 정도 시간을 내어 임장하는 것으로도 대체할 수 있다.

요즘 들어 더욱더 검색엔진, 유튜브 등을 통해 여러 가지 부동산 정보를 보면서 판단하는 분들이 많다. 실제로 그렇게 무한정 가격이 올라가는 것도 아니고 무한정 떨어지는 것도 아닌 데다가 지역마다 기준과 상황이 다르기 때문에 주의해야 한다. 특히 언론보도에 공포심을 느끼거나 부동산 시장을 판단 하는 것은 올바르지 않다. 참고는 하되 너무 의존하거나 절대적 신뢰를 하지 말고 내가 할 방법을 찾도록 하자. 부동산을 보는 가장 확실한 방법은 내가 직접 가보고 느낀 후에 나 자신의 기준을 세워 판단하는 것이다.

이렇듯 무엇보다 내가 직접 가는 것이 가장 좋고 중요하기 때문에 주기적으로 규칙적인 날을 미리 잡아 그땐 반드시 가도록 하자. 일상의 습관이 되게 하자. 이 방법이 가장 효율적이고 효과적이며 오래 갈 수 있는 임장 요령이다.

지나칠 정도로 시간 관리에 대해서 계속 강조하는 이유가 있다. 우리의 삶이 예측한 대로만 흘러가면 너무 좋겠지만 삶이라는 것은 너무 다양한 변수가 있기 때문에 규칙적으로 정해놓고 행하지 않으면 나의 뜻대로 실행하기가 상당히 어렵다.

특히 직장에 속해 있는 월급쟁이일 경우에 그 틀 안에서 움직여야 하는 경우가 많기 때문에 내 생각과 달리 많은 변수가 생긴다. 야근이 생길 수도 있고, 회식이 생길 수도 있는 데다가 본인의 업무와 관련 없는 일들까지 처리해야 하는 경우들이 종종 생긴다. 그리고 많은 사람들이 함께 이루고 있는 조직사회이기 때문에 나 하나 핑계 대고 빠질 수도 없는 상황들이 대부분이라 그때그때 세운 계획들은 미뤄지기 쉽다. 하지만 미리 몇 개월 전에 미리 임장 스케줄을 정하고 미리 휴가 등을 받아놓는다면 웬만하면 그 시간에 대해선 보장받을 수 있고 동료 및 상사들과도 갈등을 빚을 확률도 줄어들 것이다.

수 억 원에서 수십 억 원에 이르는 부동산을 알아보는 일에 '대충대충', '어떻게든 되겠지'라는 생각은 금물이다. 부동산 투자 및 실거주할 아파트를 보기 위해서 몇 개월 전부터 계획을 세우고 차질이 없게 하려는 노력은 필요하다. 물론 살면서 본인이 세운 계획대로 모든 것이 다 이루어지진 않겠지만 최대한의 준비는 해놓아야 한다는 이야기다. 이 정도 각오와 준비라면 혹여 중간에 불가피하게 미루어지더라도 결국 늦게라도 해낼 것이라고 생각한다.

처음부터 한 달 이상의 임장 계획을 세우는 것이 어렵다면 일주일 또는 한 달 정도의 스케줄을 세워보자. 만약 계획한 대로 지키지 못하는 경우가 생기더라도 다시 그 이후의 스케줄을 미리 짜놓는 것이 좋다. 결국 실천하게 될 거고 연속적으로 두 달 이상의 임장을 하고 나면 내가 바라는 것 이상으로 습관으로 자리 잡힐 수도 있다. 그 이후에는 임장을 안 하는 달이 생기거나 하면 허전함을 느낄지도 모른다. 습관은 무서운 것이다.

2. 다양한 부동산 유튜브 채널 보기

요즘은 유튜브라는 소셜 미디어를 통해서 여러 가지 정보를 손쉽게 얻을 수 있는 반면 너무 많은 정보와 의견이 있기 때문에 어느 것이 진짜인지를 모를 경우가 상당히 많아 오히려 혼란스럽기도 하다. 임장 계획 단계에서도 임장하고자 하는 지역 및 단지 등에 대한 의견을 검색해보는 경우도 상당히 많을 텐데 이때 주의해야 할 점이 있다.

이른바 전문가라고 하는 이들의 부동산 전망을 단순히 양극화하면 상승론자와 하락론자로 나눌 수 있다. 내가 원하는 임장지 역시 양쪽 의견이 존재할 것이므로 한쪽의 이야기만 듣고 믿지 말고 양쪽 의견을 모두 찾아서 듣고 주요 내용 중심으로 정리해보는 것이 좋다.

양쪽의 의견을 다 들어봐야 하는 이유는 부동산이라는 존재는 무한정 상승할 수도 없고 무한정 하락할 수도 없기 때문이다. 하지만 부동산 유튜브를 하는 분들의 대다수가 한쪽 방향으로 치우친 주장을 펴는 경우가 많다. 우리는 이 양쪽 어디에도 속할 필요가 없다. 시기에 따라 상승론자가 하는 말이 맞을 수도 있고 하락론자가 하는 말이 맞을 수도 있다. 즉 우리는 각자 임장하고자 하는 지역에 대한 양쪽 의견 중 취해야 하는 정보만 선별해서 장단점을 정리하면 된다. 이어서 이를 투자 가치 여부에 대한 판단 기준으로 활용해보자. 투자는 본인이 결정해야 한다. 유명하다는 그 어떤 전문가도, 유튜버도 절대 책임져주지 않는다는 것을 명심하자.

그리고 또 주의해야 할 것은 특정 아파트 단지 안의 커뮤니티 시설과 실내 내부 구조를 집중적으로 보여주며 과도한 칭찬을 하는 유튜버나 공인중개사들이 있다. 이런 요소들은 여러분들이 투자하는 데 있어서 큰 도움이 되지 않는다. 커뮤니티는 실제로 이용하는 경우는 극히 드물 가능성이 크고 인테리어는 돈을 들여 꾸미면 된다.

그런데도 이러한 부분에 매료되어 정작 중요한 주변 환경을 둘러보지 못하는 경우들이 많다. 사람은 예쁘고 좋은 것을 좋아하는 경향이 있지만, 내부적인 모습을 보고 그 지역이 좋다고 판단하는 것은 투자에 있어서 상당히 잘못된 경우로 볼 수 있다. 그러므로 유난히 특정 아파트의 단지 내만 번지르르하게 소개하는 유튜버는 거르도록 하자. 더불어 영상에서 보이는 것들이 실제로 보는 것과 다른 부분이 상당히 많다는 것도 기억해야 할 것이다. 각종 유튜브 내용을 참고하라고 하는 건 부동산 시장의 흐름과 부동산에 대한 금리 또는 금융 환경에 대한 상승 및 하락에 대한 다양한 의견을 보라는 것이지 개별적인 단지의 기준을 따라가라는 것은 아니다.

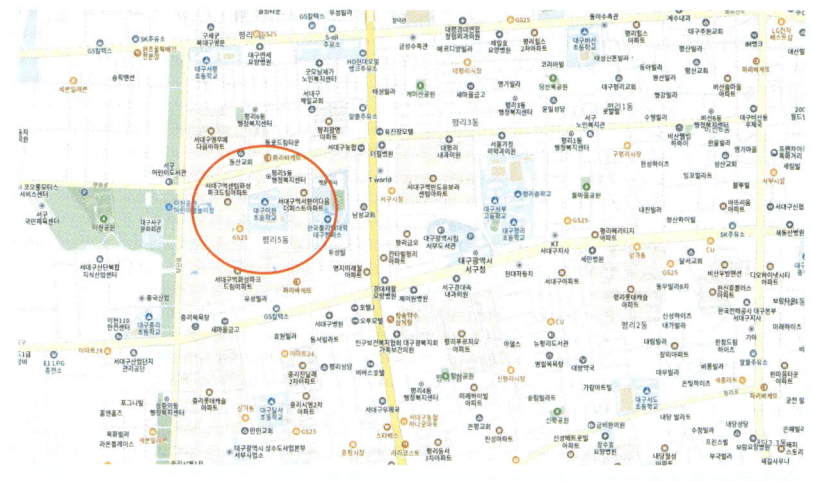

출처 : 카카오맵

앞의 지도는 서대구 지역의 신축 아파트가 대규모로 들어선 지역이다. 실제로 아파트 단지만 본다면 상당히 깨끗하고 주변 환경 정리가 잘 되어 있어서 살기 좋은 곳이라고 느껴질 수 있다. 하지만 이 지도를 확대해서 주변으로 확장해서 본다면 주변이 아직 정비되지 않은 곳도 많고 상업적으로 즐길 만한 시설이 거의 없다는 것을 알 수 있다. 하지만 몇몇 유튜버들이 이 지역의 몇몇 개별 아파트의 내부 마감이나 커뮤니티 등을 주로 소개하면서 주변 환경도 너무너무 좋다고 이야기하고 있다. 실제로 서대구 주변을 임장해보면 새로 들어선 아파트 외에는 즐길 거리나 아이를 교육할 환경이 부족하다는 것을 알 수 있다. 누구나 좋은 새집에 살고 싶어 하는 것은 당연한 마음이다. 하지만 외부와 단절된 채 아파트 내에서만 살 것이 아니라면 더 넓게 살펴보자.

지방일수록 신축아파트가 비싼 건 그 지역에서 새것이라 높은 것이다.

지방의 특성상 지역의 확장성이 많고 사람들이 차로 이동하는 거리에 대해서 불편해하지 않기 때문에 입지가 좋은 구축이 있음에도 불구하고 신축으로의 선호도가 올라가서 일시적으로 가격이 올라가는 것이다.

또한 사람들이 신축 아파트가 좋아보이고 거기서 살면 본인 생활이 확연히 달라지리라 생각하지만 실제로 입주해 단지 내의 상가와 주변 환경을 이용하면서 불편함을 느끼게 되거나 주변에 새 아파트가 들어서면 그 아파트의 선호도는 어느새 떨어져 있다. 실제로 신축 아파트가 구축 아파트가 되는 기한은 짧게는 5년에서 길게는 10년 사이다. 영원한 신축도 없고 영원한 구축도 없기에 신축이 구축되고 구축이 신축되는 건 아파트 같은 주택시장에 있어서 자연스러운 현상이다. 결국 신축이든 구축이든 그 아파트를 둘러싸고 있는 환경만이 가치를 유지시켜주는 것이다. 직접 가서 임장을 해봐야 볼 수 있는 것들이 더욱 중요하다는 것을 잊지 말자.

3. 임장할 때 가격 보지 않기

임장을 시작할 때 많은 사람들이 가장 먼저 접하는 앱이 호갱노노다. 호갱노노는 지역의 대장아파트를 표현해 줄 뿐만 아니라 단지별로 세대수, 갭 가격, 그리고 신축연도까지 모든 정보를 한 지도에 담아내기 때문에 많은 사람이 활용한다.

이때 사람들은 가격에 가장 집중하며 그에 따라 지역을 판단하는데 가격은 추후에 봐도 된다. 심지어 아파트마다 가격을 외우려고까지 하는데 전혀 그럴 필요가 없다.

임장을 할 때 가장 유의해서 봐야 할 것은 지도를 보면서 환경과 사람,

인구 구성이지 자꾸 특정 단지의 가격이 얼마고 세대수가 얼마인지 등을 보지 않았으면 한다.

가격을 중심으로 아파트 단지를 외웠을 때의 단점은 눈에 콩깍지가 씔 수 있다는 것이다. 예를 들어서 가격은 싼데 아파트가 깨끗하고 사람들도 모여 있는 듯한 느낌을 받고 나면 그 이후로는 주변 환경이 보이지 않고 그 아파트만이 내 눈에 사랑스러운 존재로 보이는 경우다. 이것이 비교적 낮은 가격과 신축이 결합될 때 일어나는 현상들인데 주로 임장을 처음 하는 사람들에게서 일어난다.

아파트 가격을 나중에 봐도 되는 충분한 이유가 있다. 임장 경험이 정말 많이 쌓이면 가격을 하나도 보지 않고 임장을 하고 난 후 그 지역을 다시 돌아봤을 때 대략 그 지역의 시세를 추측할 수 있다. 이게 가능하냐고 물어보는 사람들이 있을 수 있는데 실제로 그러하다. 정말 많은 지역을 다니게 되면 처음 가는 지역임에도 가격들이 대략 보이게 된다. 임장을 마치고 핸드폰 또는 컴퓨터를 열어서 그 지역의 가격을 보게 되면 정확하게 끝자리까지는 맞추지 못하더라도 여덟 자리 이상은 거의 다 맞는다. 반복적으로 꾸준하게 많은 시간을 임장하다보면 누구라도 이렇게 될 수 있다. 그래서 처음부터 가격을 보고 그 선입견을 가지고 임장을 하는 건 오히려 객관적으로 입지의 가치를 보는 눈을 가릴 수 있다는 것이다. 네이버 부동산이나 호갱노노 같은 친절한 부동산 앱이 있으니 임장 후 가격확인만 하면 될 뿐 전 지역의 아파트를 모두 기억할 필요는 없다.

물론 전업 투자자가 된다거나 전문 투자자가 되어서 전 지역의 아파트를 봐야 하고 소개를 해야 한다면 이야기가 달라지겠지만 대다수는 본인이 실거주할 집 또는 투자 대상 몇 채만 소유하는 것이 전부이기 때문에 전 지역 또는 전 아파트의 가격을 외울 필요가 절대 없다는 것을 다시 한 번 더 강조하고 싶다.

4. 시작점과 마무리 지점을 잘 잡아야 한다

임장을 효율적으로 한다는 것은 결국 동선을 짧게 짜는 것이다. 그러려면 시작점을 잘 잡아야 하는데 필자의 경우 구석부터 시작한다거나 무리하게 전 지역을 둘러보려고 동선을 짜다가 이리저리 우왕좌왕한 적이 한두 번이 아니다. 하지만 누차 강조하는 것처럼 아파트 단지 하나하나를 보고 투자를 하는 것이 아니기 때문에 시작을 할 때 가장 효율적인 동선을 짤 수 있는 시작점을 잘 잡아야 한다.

필자의 경험상 시작점을 잘 잡기 위해서는 교통접근성을 크게 고려해야 한다. 거주지나 근무지 근처라면 처음부터 자기 차로 이동해서 시작하겠지만 그렇지 않다면 대중교통을 이용해 그 지역으로 가야 한다. 이때 그곳의 대장아파트나 중심상업지역에서 시작하면 훨씬 수월하다. 이렇게 접근성이 좋은 곳에서 시작하게 되면 지역 간 이동 시간과 비용을 절약할 수 있고 차량공유 이용도 훨씬 수월하다. 또한 출퇴근 시간과 겹치게 되면 교통량을 통해 유동 인구수와 그들의 모습을 더욱 많이 살펴볼 수도 있다.

물론 모든 시작점이 중심지거나 대장아파트일 수는 없겠지만 가능한 한 그렇게 해볼 노력은 했으면 한다. KTX, SRT 등의 고속철도나 고속버스 등으로 지역 간 이동을 하는 경우라고 한다면 역에 내려서 최대한 빠른 시간에 내가 시작점으로 삼을 수 있는 대장아파트 또는 중심지로 이동을 하는데 이때 주변 환경을 유심히 보지 말고 편하게 쉬면서 가도록 하자. 임장의 시작은 정해놓은 시작점부터 시작하자. 머릿속이 깨끗한 상태에서 주변 정보를 넣는 것이 필자는 더 효율적이었다.

아예 자기 차로 모든 이동을 하는 경우도 마찬가지다. 이동하면서 주변 지역을 먼저 둘러보기보다는 안전하고 빠르게 임장의 시작점으로 가서 계획한 대로 시작하기로 하자. 시작점부터 미리 준비해둔 임장 지도에 따라 살펴보는 것이 시간과 비용도 줄이면서 더 집중할 수 있는 좋은 방법이다.

차 임장 지도를 짜다 보면 꼭 걸어야 할 곳이 보이기 마련이다. 이럴 경우에는 미리 쉬거나 주차할 곳을 미리 찾아놓고 도보 임장 경로까지 봐두면 현장에서 찾는 노력과 시간을 줄일 수 있다. 일상생활에서 바로 내 눈앞에 것을 못 찾고 헤매는 경험을 해봤을 것이다. 더욱이 낯선 곳에 가서 갑자기 무언가를 찾기는 쉽지 않을 것이며 이런 과정에 많은 시간을 허비하고 나면 참 기운 빠지는 상황이 아닐 수 없다. 필자도 초반에 임장을 하다가 식당 찾는 데만 1시간이 넘는 시간을 소비한 적도 있고, 주변에 주차장이 있겠지라는 막연한 생각으로 주차장을 찾아돌다가 시간을 낭비해 그날의 임장을 다 마치지 못한 경우도 빈번했다. 이제는 임장 시 도보든 대중교통이든 직접 운전을 하든 중간에 쉬어갈 지점 및 식사를 해야 할 지점까지 미리 살펴 놓는다. 가능한 그 지역의 맛집으로 말이다.

이렇게 시작점도 잡았고 중간에 들려야 할 지점도 잡았다고 한다면 임장을 효율적으로 할 때 가장 유의해야 하는 마지막 단계가 남아 있다. 그것은 내가 돌아갈 수 있는 최단 경로의 루트를 짜놓는 것이다.

그래서 되도록 임장의 시작점을 내가 다시 돌아가야 하는 교통편을 이용하는 곳에서 가장 먼 곳의 중심지로 잡는 것이 좋은데 이렇게까지는 아니더라도 임장 최종지만큼은 처음 도착한 곳에서 가장 가까운 곳으로 계획하는 것이 상당히 중요하다. 왜냐하면 임장을 마치고 돌아갈 시간이 대부분 저녁시간인 경우가 많고 또는 갑자기 급한 일이 생겨서 빨리 마쳐야 할 경우도 있다. 이때 차가 막힐 수도 있고 피로도도 높아져 있을 텐데 다시 돌아갈 수 있는 곳과 최단거리가 되는 곳을 임장의 마지막 지역으로 선택해놓는다면 조금이나마 더 편하고 효율적인 임장의 마무리가 될 수 있다고 생각한다.

5. 교통량을 확인해라

교통량을 확인하라는 말이 차량 대수가 얼마인지 일일이 세어보라거나 차종이 무엇인지 살펴보라는 말이 아니다. 퇴근시간이 되었든 낮시간이 되었든 밤시간이 되었든 인구가 많고 집값이 비싼 곳은 언제나 차가 막힌다. 사람들은 흔히 차가 너무 많이 막혀서 이동이 불편하면 살기 좋지 않은 지역이라고 생각하지만 아니다. 실제로 차가 너무 많아서 30분에 1km도 가기 어려운 지역일수록 집값이 비싼 경우가 대부분이다. 이것을 내가 두 눈으로 확인한 것이 대치동 학원가였다.

대치동 학원가에서 임장을 하고 있었는데 오후 3시가 넘어가면서부터

도로가 슬슬 막히기 시작했고 4시 40분 이후부터 6시까지, 그리고 밤 9시에서 10시 30분 정도까지는 차가 거의 움직이지 않는 느낌이 들 정도였다. 초중고등학교 하교 후 학원에 등원하는 시간과 하원 하는 시간에 라이딩하는 차량에 퇴근하는 차량까지 합쳐져서였다. 언급한 이 시간대에 유난히 막히는 것을 제외하고도 요일, 시간대 상관없이 언제나 늘 강남을 지나는 도로들은 덜 막히고 더 막히는 정도의 차이일 뿐 차량이 상당히 많다. 참고로 필자는 서울로 임장을 가면 늘 삼성동에 숙소를 잡는데 그 덕분에 다양한 시간대에 강남 주변을 오가며 이 교통체증과 많은 사람을 실감할 수 있었다. 이 주변의 주거지, 직장, 편의시설, 학교, 학원가를 사람들이 많이 이용하고 몰리는 것을 보면서 이런 특징을 가진 지역의 집값이 높다는 것을 두 눈으로 확인한 셈이다.

더불어 지산의 교통량 및 유동인구량, 연령층을 파악할 때 지하철을 이용하는 인구수도 확인하면 좋다. 그런데 지방 광역시의 경우 출퇴근 시간을 제외하고는 유의미한 양의 인구가 이동하는 경우가 그렇게 많지 않다. 이런 경우 교통량을 확인하는 또 다른 좋은 방법은 낮에 대중교통을 이용하는 연령대를 확인하는 것으로 그 지역의 인구 구성을 파악하는 데 있어 상당히 도움이 된다. 일례로 부산은 낮 시간대의 지하철 이용 연령층은 젊은 사람들보다 고연령층의 비율이 압도적으로 높은데 이는 부산의 인구가 젊은 사람보다는 연세 드신 분들의 구성이 높다는 것을 보여준다. 하지만 이와 반대로 구디(구로디지털단지)나 가디(가산디지털단지), 여의도, 강남과 같이 직장이 많은 곳에서 낮에 지하철을 이용해 보면 20~40대 젊은이들이 낮에도 지하철을 상당히 많이 이용하는 것을 볼 수 있다.

서울의 외곽 지역이나 신도시 부근은 어떨까. 이곳들도 대부분 서울 중심지와는 다른 모습을 보인다. 출퇴근 시간에만 젊은 사람들이 보이고 그 외에는 젊은이들뿐 아니라 유동인구들도 별로 안 보이는데 그 이유는 직장인들의 낮 시간대 부재로 인해 그런 거란 생각이 든다. 이런 상황들을 두 눈으로 직접 확인하는 것이 그 지역을 파악하는 데 큰 도움이 된다는 것은 충분히 설명되었다고 생각이 된다. 꼭 체크해보기로 하자.

필자가 안내하고 있는 효율적인 임장 방법들이 기존의 서적 또는 강의에 나온 내용과 대동소이할지 모른다. 하지만 필자는 수많은 지역을 몸소 돌아다니며 본인도 모르는 사이 가장 효율적이고 효과적인 방법들을 체득하고 습관화시킨 것들을 추려 말하고 있는 것이다. 처음에는 무엇을 봐야 하는지 막막한 상태로 앞으로 걸어나가기만 했으나, 한 곳 두 곳 자꾸 쌓이면서 자연스럽게 체화된 것들이다.

예전에는 지하철을 타고 다니면서 어떤 사람들이 어느 시간대에 타고 내리는지에 대한 관심이 전혀 없었는데 임장을 많이 하면서부터는 지역의 교통과 사람을 많이 보다 보니 특정 교통수단과 연관지어 시간대와 나이들을 유심히 살펴보게 된 것이다. 그렇게 하고 나서 그 지역의 인구구조나 부동산 가격을 검색해보면 필자가 대중교통 이용이나 운전을 하며 느꼈던 내용이 모두 부동산 가격에 녹아있었다.

하지만 연령대와 유동 인구수가 부동산 가치와 절대적인 관계라고 단정을 지어서는 안 된다. 언제나 예외가 있고 그래서 지역의 개별성을 고려해야 한다는 것이다. 해운대나 남천동은 비교적 연령대가 높은 지역이라

할지라도 높은 부동산 가격이나 교통체증이 동반될 수 있다. 부동산 가격이 높다는 것은 무엇보다 그쪽에 이용할 수 있는 시설들이 많다는 것인데 다른 지역 또는 그 지역의 외곽 지역에 있는 사람들도 이러한 것들을 이용하기 위해 다양한 시간대에 이동해올 수 있다는 것이다.

교통량 못지않게 중요한 다양한 교통편도 좋은 기준이 된다. 교통량과 더불어 중요한 것이 대중교통 노선의 다양성과 집중도인데 그 지역을 거쳐 다른 지역으로 뻗어나갈 수 있는 역동성과 허브의 역할을 보여주는 것이다.

내가 사는 지역의 교통편이 버스 한 노선, 또는 사람들이 많이 이용하지 않는 지하철 노선만 있다고 한다면 안타깝게도 지역의 가치가 그리 높지 않다는 것을 인정해야 한다. 반대로 다양한 교통편이 존재하는 곳은 사람들이 살기 좋고 앞으로 더욱 좋아질 것을 예상할 수 있다. 이제는 임장을 하다가 매우 좋아 보이는 단지를 발견했을 때 그 자리에서 지역의 가치를 빨리 파악할 수 있는 방법 중에 하나가 교통량과 다양한 교통편이라는 것에 이견이 없을 거라고 생각한다.

특히나 주말이나 공휴일에 대도시가 아닌 곳으로 임장을 가면 주민들을 잘 볼 수 없는 경우가 종종 생기는데 이때 교통편을 눈여겨보기로 하자. 지도를 통해서 아파트의 정문, 후문 등 출입구 앞에 또는 근거리에 다양한 교통편이 존재하는지를 다각면으로 보는 방법이 있음을 잊지 말자.

부동산 투자에서 가장 중요한 것은 '좋은 물건'을 찾는 것이 아니라, '좋은 가격'에 주목하는 것이다. 결국 수익을 크게 내기 위해서는 싼 값에 사는 것이 결정적인 요인이다. 같은 물건도 가격이 적절하면 훌륭한 투자처가 되고, 반대로 아무리 좋은 조건의 부동산이라도 비싸게 사면 오히려 손해를 볼 수 있다.

가격을 보는 눈은 어느 날 갑자기 생기지 않는다. 직접 여러 지역 현장을 다니고 실제 거래 사례를 비교하며 경험을 쌓을수록, 시세와 가치의 차이를 구별할 수 있는 안목이 길러진다. 단순히 한 지역만을 보고 가격이 싸거나 비싸다고 판단하는 것은 위험하다. 반드시 인근 지역, 유사 매물, 시장 동향까지 함께 조사해야 그 가격이 정말 매력적인지 판단할 수 있다.

지역마다 임장하는 방법이 다르다

수많은 지역을 다니면서 지역마다 임장하는 방법이 상당히 달라야 한다는 것을 확실히 알았다. 미리 공부하고 가야 잘 알 수 있는 지역, 그저 버스노선이나 도로를 따라가기만 해도 되는 지역이 있었고, 구석구석 봐야 하는 곳이 있는 반면 각 지역의 핵심지 한두 곳만 둘러봐도 전체적 특징을 파악힐 수 있는 지역도 있었다.

물론 가장 좋은 방법은 그 지역 전부를 보는 것일 것이다.

부산광역시를 예로 들자면 해운대구, 수영구, 동래구의 가치가 높다는 것은 모두가 안다. 집값이 높기 때문이다. 그런데 왜 이 지역이 좋은지 타당한 근거를 들 수 있어야 그 지역을 이해했다고 할 수 있다. 그러려면 부산에 존재하는 17개 구를 전부 임장해보고 특성 및 장단점을 따져 비교하면 된다. 하지만 이렇게 모든 지역을 둘러본다는 것이 쉽지 않은 방법이기에 지역마다 임장하는 법을 달리 두고 판단할 수밖에 없는 것이다.

지역별 임장 방법은 추후에 구체적으로 서술할 것이기 때문에 우선은 비슷한 특성이 있는 지역으로 나눠 간단하게만 설명하도록 하겠다.

일례로 본인이 경상남도의 한 작은 동네에 살고 있다면 굳이 멀리 임장을 가기보다는 도 내의 규모가 좀 있는 도시 한 곳과 조금 작은 소도시를 둘러보는 것이 방법이라고 하겠다. 이 정도만 둘러봐도 그 지역 간의 가치가 어떻게 다른지 한눈에 파악할 수 있기 때문이다.

만약 광역시급에 살고 있을 땐 광역시 내에 내가 사는 지역과 붙어 있는 구를 한두 개 정도 선정해 둘러보는 것이 좋다. 무조건 좋은 곳부터 찾아가서 좋은 이유를 찾기보다는 일단 임장을 시작하는 단계를 뛰어넘어야 하므로 이렇게 가까운 곳부터 천천히 둘러보는 것이 상당히 좋다.

그래서 일단은 시작할 수 있는 범위 내에서 내가 할 수 있는 양을 측정하고 현장방문을 시작하는 것이 좋기 때문에 이렇게 임장을 시작하는 것을 고려해보면 좋겠다.

내가 임장해왔던 과정은 실제로 고산자 김정호가 전국을 돌아다니면서 지도를 만드는 것과 거의 유사한 과정이었다. 휴가 때마다, 연휴 때마다, 업무 차 갔던 지역에서까지 걷고, 걷고 또 걷다가 차 임장까지 더해 이리저리 구석구석 어디에 어떤 아파트와 환경이 있는지 찾아다니는 과정이었다. 초반에는 무조건 걷기만 했지만 추후 깨달은 바가 있어 지역마다 임장하는 방법을 달리했다. 이를 더 일찍 깨달았다면 최소 이 기간을 1년에서 2년 정도는 줄일 수 있었을 것이다. 그 이후 지역마다 임장하는 방법, 즉 앞에 나왔던 걸어서, 대중교통을 이용해서, 운전을 통하는 방법들을 같이 쓰면서 시간도 훨씬 줄이고 비용도 줄일 수 있는 효율적인 임장을 할 수 있게 되었다.

이렇게 지역마다 임장하는 방법을 달리해야 하는 이유는 누차 이야기했던 것과 같이 계획도시일 경우에는 차로도 충분히 임장이 가능했지만 그렇지 않은 서울 관악구나 부산의 부산진구같이 언덕이 많고 재개발이 많은 곳은 세부적으로 걸어보면서 이 지역이 어떻게 변할지 상상을 해봐야 한다. 헌 곳이 새것으로 바뀔 때의 모습을 상상할 수 있어야 부동산을 바라보는 관점이 성장할 수 있기에 그 지역의 특징에 맞는 방법을 찾아야 한다. 수차례 임장 지도를 짜다 보면 그 지역에 맞는 방법을 충분히 알 수 있다. 이런 입체적인 고민이 여러분의 시간과 비용을 줄일 수 있는 첫 번째 방법이다.

비슷한 특징을 가진 지역끼리 묶어서 임장 방법을 나눈다면 네 가지가 나온다.

1. 서울은 서울의 방식대로 임장을 해야 한다.
2. 수도권은 수도권의 방식대로 임장을 해야 한다.
3. 광역시는 광역시급에 맞는 방법으로 임장을 해야 한다.
4. 인구 100만 또는 그 이하의 지방 대형 도시는 그에 맞는 방법으로 임장을 해야 한다.

4개의 큰 기준 안에서 지역에 따라 언급될 구체적인 방법으로 본인이 사는 지역을 살펴보기로 하자. 단, 시작도 하기 전부터 어떻게 할지를 너무 고민하기보다는 내가 사는 지역과 살고 싶은 지역, 투자하고 싶은 지역을 다양하게 정해서 그 지역에 맞는 방법으로 임장을 하는 것이 가장 효율적이고 각자에게 맞는 방법이라고 생각한다.

정해진 시간 안에 너무 많은 것을 해치우려고 하지 말자. 다르게 해석하자면 주어진 시간 안에서 할 수 있는 것을 하자는 것이고 이는 할 수 있게 계획하고 실천하면 되는 것이다.

이를 임장에 적용해보면 지역의 특성에 맞게 임장하는 방법을 달리하면 시간을 많이 줄일 수 있고 우리가 바라는 대로 많은 일을 내가 정해진 시간 내에 해낼 수 있는 것이다.

간혹 소도시에 사는 분들이 인구가 작은 도시인데도 임장을 해야 하는지에 대해 고민을 한다. 필자가 생각하는 기준으로 인구 50만 명이 안 되는 지역은 본격적인 임장에 앞서 가볍게 연습용으로는 괜찮겠지만 큰 계획을 세워 임장하거나 투자지로는 적합하지 않다고 생각한다. 인구가 50만 이하인 도시는 지금과 같이 점점 인구가 줄어드는 시대에서 부동산 투자로 큰 이익을 보기 어려운 곳이라고 생각하기 때문이다.

요즘은 부동산 투자가 예전과 달리 아무 지역이나 집을 사서 가격이 올라가는 시기도 아니고 사람들이 선호하는 지역만 집중되는 현상이 명확해지고 있다. 그래서 적정 규모의 인구수가 안 되는 도시일 경우 부동산 투자를 했을 때 앞으로 가격이 마이너스가 되어 손해를 보는 경우들이 꽤 발생할 수도 있기 때문에 인구 50만 명이 안 되는 도시의 투자는 상당히 신중하게 고려를 해야 하며 개인적으로는 절대 투자하지 않을 지역으로 생각하고 있다.

임장하는 방법이 지역마다 달라야겠다고 느꼈던 건 전국을 돌아다니면서 각 지역의 인구가 엄청난 차이가 있고 그에 따라 환경 등이 아주 다르다는 것을 깨닫고 나서부터다. 임장을 처음 시작했을 때만 해도 지역을 돌아다니거나 대중교통을 이용할 때 그것을 이용하는 사람들의 연령대나 구성비율을 크게 생각하지 않았던 것 같다. 하지만 매일 새벽 기차를 타고, 자동차를 타고 임장지로 이동하고, 그 지역에 사는 사람들의 모습을 보면서 어느새 지역에 따라 서로 다른 특징들을 지녔다는 것을 느꼈고 그에 따라 임장하는 방법 및 보는 관점을 달리해야겠다는 생각과 확신이 들었다.

예를 들어 울산은 인구가 그렇게 많지 않은 도시지만 다른 광역시에 비해서 젊은이들의 비율이 상당히 높은 곳이다. 물론 시내를 관통하는 지하철이 있는 지역은 아니어서 그 흐름은 알 수는 없지만, 그 외 곳곳에서 다른 지방 도시들에 비해 젊은 사람들의 비율이 압도적으로 많다고 느꼈다. 그래서 그들이 어떤 지역을 선호하고 무엇을 좋아하고 소비하는지를 자세히 봐야겠다는 생각을 했고, 반면 대전이나 대구같이 인구 규모는 꽤 되지만 젊은이들의 비율이 다소 떨어지는 다른 소비 성향의 도시에 대해서는 집중해서 봐야 할 지역이나 방법 등이 달라야 하는 것까지 사고의 확장이 된 것이다.

실제로 지하철을 타고 부산과 대구를 돌아다녀 보면 출퇴근 시간 외에 낮시간에 이용하는 사람은 대부분이 연령대가 높다. 이런 지역의 차이와 그에 따른 임장 법을 달리해야 한다는 것을 누군가 미리 알려줬다면 더 효율적으로 더 많은 지역을 빨리 임장했을 텐데 임장이 다 끝나갈 즈음 깨닫게 되어 개인적으로 매우 아쉬운 부분이라고 생각했다. 부디 이 책을 읽는 여러분들은 필자를 통해 보다 현명한 임장을 할 수 있기를 바란다.

실력이라는 것은 결국 스스로 부딪쳐보고 헤매면서 키워가는 것이다. 남이 알려주고 정형화된 상황은 문제해결에 도움이 안 된다. 부동산 공부도 투자도 마찬가지다. 혼자 움직이고, 부딪치고, 깨달으면서 내 것으로 만들어야 한다. 결국 모든 판단도 내가 하고, 성과도 내가 가져가는 것이기에 내가 끊임없이 성장해야 좋은 판단과 성과를 낼 수 있다.

임장을 하고 난 다음의
복기 과정

　사람이 카메라, 내비게이션도 아니고 한 지역을 한번 돌아봤다고 해서 그 지역이 전부 기억이 나겠는가. 그래서 임장 후 가능한 한 빠르게 복기를 하는 것은 오롯이 기억으로 남길 수 있는 필수 과정이다. 준비 못지않게 중요한 복기 과정은 다음 지역을 임장할 때 서로 비교대조군이 될 수 있는 중요한 자료가 된다. 그리고 가능한 임장 당일에 복기하는 것이 가장 좋겠지만 사정상 불가한 경우, 늦어도 2~3일 안에 끝내도록 하자. 이렇게 하고 나면 만약 다음번에 그 지역을 다시 갔을 때 내비게이션을 보지 않고도 가고자 하는 목적지를 쉽게 찾아갈 수 있는 경험을 할 수 있을 것이다. 임장이 오롯이 내 것이 되려면 임장을 마치고 난 다음의 복기 과정이 그 무엇보다 필수적이고 중요함을 잊지 말자.

　임장 후 복기 방법은 임장 전 준비했던 임장 지도를 활용하도록 하자. 즉 임장 지도는 준비 과정에서도 진행 과정에서도 복기 과정에서도 매우 중요한 도구다. 더불어 사진도 잘 챙기자. 요즘 핸드폰은 사진을 찍으면 그 위치가 표시되므로 매우 편리하다. 모든 단지 및 환경을 찍어둘 필요까지는 없지만, 다음 경우에는 꼭 찍어두도록 하자.

- 대장 아파트 단지 및 주변
- 사람들이 많이 모이거나, 이동이 많은 곳
- 유의미한 특색이 있거나 본인 기준 중요한 요소들

이러한 사진들을 임장 지도와 대조해가며 이때 가졌던 느낌이 무엇인지 임장 지도나 핸드폰에 간단히라도 메모해서 내 머릿속에 넣어두는 것이 필요하다. 이처럼 임장의 기록들을 남겨두는 것은 정말 중요하고도 필요한데, 일부 부동산 강의에서 이런 것들을 방대하고도 전문적인 보고서로 만들어 정리하라고 하는 곳이 있다. 하지만 이런 것은 정말 필요 없는 행동이다.

임장 후 복기는 이렇게 지도와 간단한 메모 또는 핸드폰 사진 등으로 얼마든지 가능하며, 이를 이용해 내가 갔던 곳에 대한 파악이 이루어진다면 복잡하고 어려운 과정을 거칠 필요는 없다고 생각한다. 부동산 공부를 하고 복기를 한다는 것은 그 지역이 어떻게 구성되어 있고 개발되는지까지를 알아내야 하는 전문적인 영역의 작업이 아니다. 사람이 모이고 이용하는 범위가 무엇인지 내 눈으로 보고 느낀 것을 기록하는 정도의 과정이기 때문에 가격, 개수 등의 숫자에 매몰될 필요가 없다. 본인이 다녔던 길, 단지, 환경에 대한 느낌과 사람들이 얼마나 많은지 정도로만 기록하고 나서 그 외의 것들은 인터넷 사이트를 통해 그 지역의 가격이 어느 정도 되는지에 대한 정도만 파악해도 충분하다.

물론 본인이 모든 기록을 꼼꼼하게, 객관적인 숫자들까지 하고 싶다면 그걸 잘못됐다고 말할 수는 없다. 다만 필자가 이야기하고 싶은 것은 복기를 부담감까지 느껴가며 억지로 장황하게 전문가를 흉내내면서까지 할 필요는 없다는 것이다.

임장 후 복기를 할 때 많은 사람이 당혹스러움을 느낄 때가 있는데 본인이 갔다 온 곳이 기억이 나지 않는 순간이다. 하지만 사람의 기억력은 한계가 있고 누누이 강조하지만 모든 지역에 대한 기억할 필요가 없기에 본인이 갔던 곳 중에 핵심지가 어느 정도, 어땠는지 정도만 간단하게 기억하는 것으로도 충분하다. 그리고 만약 더 많은 곳을 기억하고 싶다면 중간중간 간단히 단어 정도만 기록해놔도 나중에 기억해내기가 훨씬 쉽다.

그 후 정리를 해서 파일로 남길 경우에도 보고서 형식으로 수백 장으로 만들어놓을 것이 아니라 앞서 소개한 대로 주요 지역의 내용만 추려서 대략 5~6장 정도면 충분하다. 지역에 따라 저 정도도 안 될 수도 있다. 이렇게만 해놓아도 나중에 다른 지역과 비교 시에 아주 큰 도움이 된다.

그리고 종종 많은 부동산 사이트에서 지역의 확장성을 이야기한다. 이것은 그 지역을 둘러보면 한눈에 파악할 수 있기 때문에 따로 메모해두거나 지역을 지도로 잘라서 그림으로 그리기까지 하는 행동들은 절대로 할 필요가 없다. 만약에 내가 갔다 온 지역의 확장성을 보고 싶다면 카카오맵을 통해서 지적편집도나 주변의 지도를 큰 그림으로 보면서 산으로 막혀있는지 아니면 주변에 빈 땅이 있는지 또는 일반 주택이 있어서 재건축할 수 있는지 정도만 파악해도 충분하다.

처음부터 너무 많은 욕심을 부리지 말자. 조금씩이라도 하나둘 기록하다 보면 본인에게 정말 도움이 되고 필요한 내용이 무엇인지 알게 될 것이고, 그 위주로 모아가면 된다. 내가 다닌 지역이 많아지게 되면 그 기록들을 중심으로 자연스럽게 비교대조도 충분히 가능해진다. 시작은 간단하게 메모 정도로 남겨두는 습관부터 들이고 이후 점점 쌓아 가격의 추이 또는 시장의 흐름, 거래량의 추이 정도가 지속해서 파악이 될 것이고 그걸 그때마다 모아 가격 시트로 만들면 자신만의 시세 자료가 되는 것이다.

여기에 본인이 다녀온 지역에 대한 추이 파악에 도움이 될 유의미한 자료가 하나 있다. 바로 KB 부동산 시세다.

색깔을 보면 흰색으로 되어있는 부분은 기준일로부터 한 주 전 대비 가격 보합, 파란색 계열은 하락, 빨간색은 상승을 표시한 것으로 색깔이 짙을수록 그 차이가 크다는 것이다. 이렇게 전국을 지역별로 가격의 추이를 볼 수 있어 '원하는 지역의 현재 가격의 위치 파악'이 중요한 복기의 일부가 된다. 임장한 지역이 다른 지역과 비교해서 상승하고 있는지 하락하고 있는지 알 수 있고, 앞으로 가격이 어떻게 변화할지 유추해볼 수 있는 유의미한 지표로 쓸 수 있다. 매주, 매월 또는 내가 보고 싶을 때 언제든 전체 흐름을 살피면서 임장한 지역의 가격 추이 변화와 시기를 세부적으로 파악해보는 습관도 들여보기로 하자. KB 부동산 시세를 통해서 지역의 전반적인 가격 흐름을 보고 난 후 호갱노노로 투자하고 싶은 곳이나 궁금한 곳의 개별 가격을 보면 좋다. 호갱노노에 각 지역의 대장아파트 뿐만 아니라 주변 아파트의 세대수나 개별단지 또는 갭 가격에 대해서 세부적으로 나와 있기 때문이다.

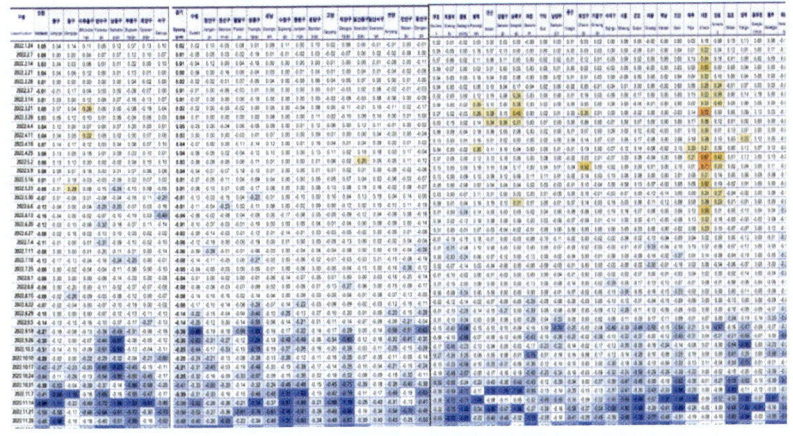

출처 : KB 부동산 시세

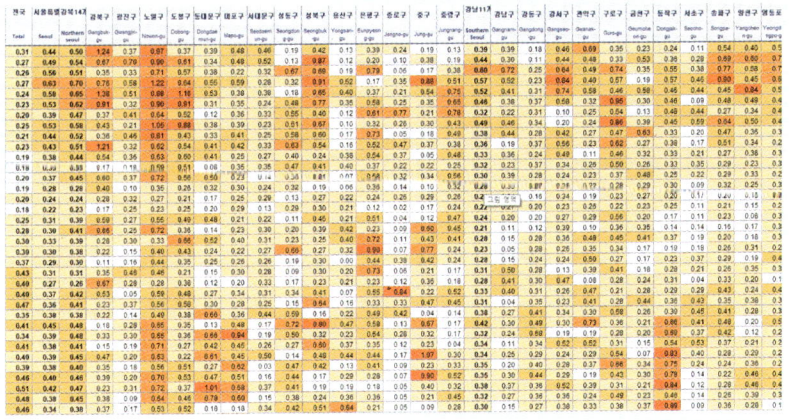

출처 : KB 부동산 시세

　우리가 원하는 모든 아파트에 투자할 수는 없다. 그렇다면 결국 내가 사는 실거주 아파트나 추가로 1개 또는 2개 정도의 아파트를 전세 끼고 사서 투자하는 방법이 일반적이다. 투자한 후 수익이 나면 팔고 이사를 하면서 수익을 내거나 다시 전세를 주는 과정을 반복하면서 말이다. 하지만 이 사고파는 기간들의 간격이 상당히 길기 때문에 매매 전 많은 검토를 해봐야 한다. 그래서 임장하는 지역이 늘어날수록 개별 가격에 대해서 투자할 수 있는 범위를 정해놓고 지역별로 가격을 보며 복기를 하는 것이 상당히 중요하다. 아파트 가격이라는 것이 정찰제로 정해져 있는 것이 아니기 때문에 내가 투자하거나 좋아하는 아파트에 대한 가격의 추이를 살펴봐야 한다.

	지역	대구달서구	대구달서구	대구달서구	대구달서구	대구달서구	대구달서구	대구달서구	대구달서구
	단지	삼정그린코아에듀파크	월배아이파크2차	월성월드메르디앙	e편한세상월배	월성푸르지오	월성e편한세상	상인e편한세상	보성은하
30평대	평형	32	32	32	32	32	32	32	32
	연식(세대)	2022.06 (1392)	2016.06 (2134)	2009.06 (865)	2014.10 (932)	2008.08 (1824)	2009.10 (1097)	2008.10 (443)	1994.04 (1521)
	구조	방3화2	방3화2	방3화2	방3화2	방3화2	방3화2	방3화2	방3화2
	직장	A	A	A	A	A	A	A	A
	교통	B	B	B	B	B	B	B	B
	학군	A	A	A	A	A	A	A	A
	환경	A	A	A	A	A	A	A	A
	공급	C	C	C	C	C	C	C	C
23.04	매매가	50,000	45,000	45,000	48,000	39,000	45,000	52,000	30,500
	전세가	33,000	30,000	30,000	34,000	23,000	25,000	26,000	20,000
	평당가	1563	1406	1406	1500	1219	1406	1625	953
	전세가율	0.66	0.67	0.67	0.71	0.59	0.56	0.50	0.66
	매전갭	17,000	15,000	15,000	14,000	16,000	20,000	26,000	10,500
23.05	매매가	52,000	45,000	45,000	48,000	39,000	45,000	52,000	30,500
	전세가	32,000	30,000	30,000	34,000	23,000	25,000	26,000	20,000
	평당가	1625	1406	1406	1500	1219	1406	1625	953
	전세가율	0.62	0.67	0.67	0.71	0.59	0.56	0.50	0.66
	매전갭	20,000	15,000	15,000	14,000	16,000	20,000	26,000	10,500
23.06	매매가	52,000	47,000	48,000	47,000	42,000	53,500	52,000	30,000
	전세가	35,000	38,000	32,000	35,000	30,000	30,000	34,000	25,000
	평당가	1625	1469	1500	1469	1313	1672	1625	938
	전세가율	0.67	0.81	0.67	0.74	0.71	0.56	0.65	0.83
	매전갭	17,000	9,000	16,000	12,000	12,000	23,500	18,000	5,000
	매매가	55,000	48,500	50,000	48,000	43,000	53,000	52,000	32,000

출처 : 저자 작성

앞의 자료는 한때 부동산 복기를 한다고 임장 갔던 전 지역의 가격과 전세가 매매가를 매달 엑셀로 작성했던 것이다. 정말 수많은 아파트가를 매달 엑셀 시트에 넣으면서 내가 도대체 무엇을 하고 있는지 자괴감이 든 적이 한두 번이 아니다. 이제는 이런 방식의 복기는 하지 않는다. 임장하며 본 모든 아파트에 투자할 것도 아니기에 이런 가격 비교는 의미가 없다. 그저 시간이 날 때마다 가끔 앞서 언급한 사이트들에 들어가서 가격과 지역이 어떻게 변하는지와 새로운 아파트가 들어서는지 정도만 봐도 충분하다는 것이다. 요즘 부동산 사이트에 어느 지역에 어떤 브랜드의 아파트가 새로 들어서고, 언제 입주하는지 있는지까지 자세하게 나와 있다. 새로운 입주 단지의 물량도 체크해야 하는데 이유는 절대적이지는 않지만, 지역의 부동산 가격이 영향을 받는 경우가 종종 발생하기 때문에 살펴볼 필요는 있다.

지역의 입주물량 정보는 아파트 지인 사이트에 잘 나와 있다. 구, 시, 전국 단위의 입주 물량 데이터를 자세히 보여주기 때문에 내가 임장한 지역이 앞으로 어떻게 아파트가 들어서는지에 세부적으로 파악할 수 있다.

경험이 없을 때는 수많은 시간을 들여 내가 손수 한 땀 한 땀 자료를 만들고 그것을 보고서로 만들어가지고 있는 것이 좋은 복기 방법인 줄 알았다. 하지만 요즘은 과거의 데이터부터 현재의 데이터까지 각 사이트의 특징에 따라서 많은 정보를 한꺼번에 보여주고 있기 때문에 우리가 굳이 숫자들을 메모하지 않아도 해당 지역의 데이터를 스크랩해서 얼마든지 가지고 있을 수 있기에 더 나은 방법들로 바꾼 것이다.

그 방법들을 정리해보면 다음과 같다.

1. 카카오맵이나 네이버 지도를 통해서 내가 임장했던 지역의 변화 및 상권 등을 파악한다.

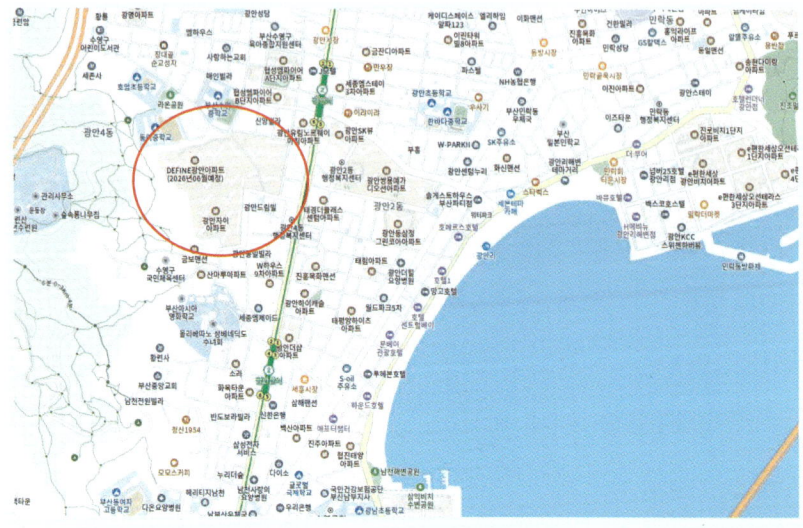

출처 : 카카오맵

2. 로드뷰를 통해서 거리가 어떻게 변했는지를 파악한다.

출처 : 카카오맵

3. 호갱노노, 아파트지인, 아실(아파트실거래) 이 3개의 앱을 활용해서 재개발 단지가 어떻게 되었는지, 그 지역의 대장이 어떻게 바뀌었는지, 최근의 실거래가가 어떻게 변했는지, 또는 그 지역의 입주 물량이 어떻게 변했는지 등을 데이터를 주기적으로 가끔 찾아본다.

출처 : 호갱노노

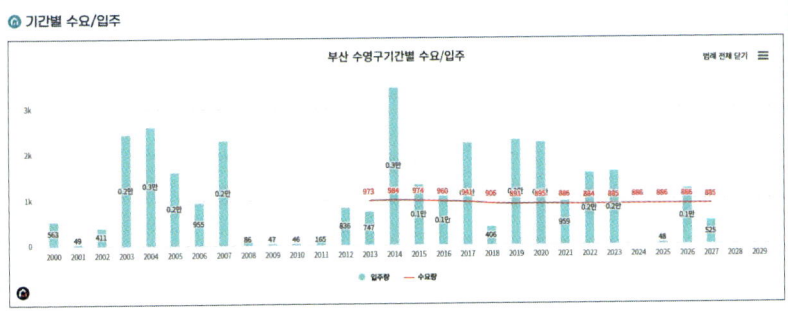

출처 : 부동산 지인

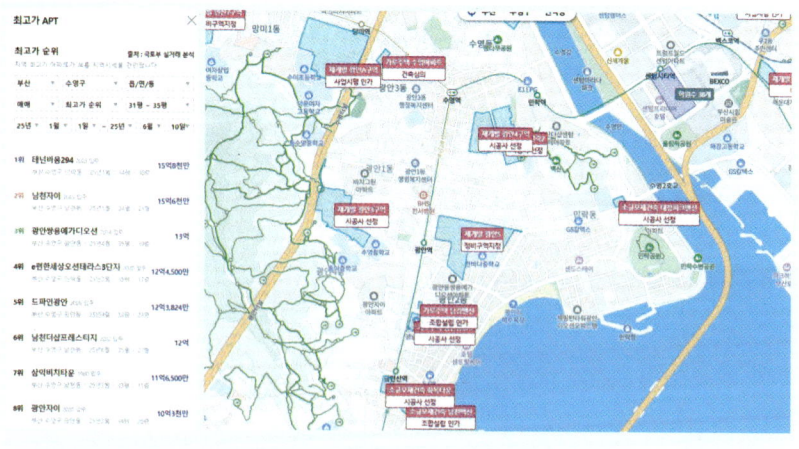

출처 : 아실

    이렇게 시간을 내서 데이터를 보는 것이 습관이 되고, 자주 보다 보면 그 지역의 가격을 일일이 외우지 않더라도 대략적인 시세가 파악된다. 향후 어떻게 변모할지 예상도 가능하다. 모든 것은 습관과 행동에서 오는 것이라고 생각한다. 처음 임장을 할 때는 나가서 걷는 것만 해도 너무 힘들었지만, 지금은 전국 어디든 임장을 가는 것이 불편하지 않다. 습관이 되고 일상이 되면 이런 과정들이 어렵지 않고 이전에 봤던 가격들이 머릿속에 남아 있기 때문에 지금의 가격과 비교해서 올랐는지 내렸는지, 그리고 앞으로 어떻게 될지에 대한 예측까지 가능해지는 것이다. 이렇게 임장과 더불어 복기도 습관으로 만들어 한 달에 한 번 또는 두 달에 한 번 정도 간격으로 내가 다녀온 지역에 대해서 지속적으로 파악해 보도록 하자.

    이 정도의 정보만 본다고 하더라도 그 지역에 대한 부동산 데이터 수집은 충분하다. 종종 데이터에 목을 매는 분들이 있는데 우리가 이것을 통해서 수익을 창출한다거나 그 외에 강의하는 사람들이 아니라면 대략 이 정도 정보만 봐도 충분히 그 지역을 파악할 수 있다.

간혹 그 지역의 개요나 그 지역의 생성 또는 개발 계획 등을 찾아보는 것을 강조하는 부동산 웹사이트와 강의도 있다. 이러한 것들은 대부분 도움이 되지 않는다고 생각한다. 그 지역이 바뀌는 것은 시도에서 책임을 지는 것이고 그러한 것까지 파악해서 부동산 투자에 녹인다는 것은 상당히 비효율적이다.

그리고 설사 그런 부분을 알고 있다고 하더라도 언제 일어날지 모르는 것이기에 우리가 투자하려는 기간 내에 그 지역의 변화 정도만 파악해도 된다. 도로가 뚫리고 환경이 바뀌고 하는 것들은 대대적인 것들이고 실제로 이러한 부분에서 가장 큰 영향을 미치는 것이 재개발, 재건축 부분이기 때문에 이 정도만 파악한다고 하면, 부동산 투자에서 거의 모든 정보를 다 알고 있다고 할 수 있다. 그러므로 데이터를 위한 데이터에 시간을 버리지 말자. 우리의 시간과 노동력은 매우 귀하다.

부동산 투자로 부자가 되기 위해서는 외로움을 감수해야 하는 순간이 반드시 찾아온다. 함께 시간을 보내는 친구나 지인은 내게 투자 기회를 만들어주지 않는다. 오히려 즐겁게 모여 시간을 보내는 사이, 내 자산을 성장시킬 소중한 시간을 잃게 된다. 몇 년간이라도 만남을 줄이고, 스스로의 목표에 집중하는 시간이 꼭 필요하다.

외로움은 당연히 고통을 동반하지만, 이러한 고통을 겪는 과정에서 성장과 깨달음이 따라온다. 고대 그리스 사람들은 "파테마타 마테마타(고통으로부터 배운다)"라는 말을 남겼다. 부동산 투자 역시 남들과 다른 길을 가겠다고 결심했다면 외롭고 힘든 과정이 필연적이다. 오히려 외로움이 힘들게 느껴진다면, 이는 내가 기존과는 다른, 부의 여정에 한 걸음 더 나아가고 있다는 긍정적인 신호로 볼 수 있다.

임장이
벽으로 느껴질 때마다

　임장 나가는 것을 상당한 벽으로 느끼는 분들이 많은 것 같다. 돌이켜 보면 나도 그랬던 것 같다. 아무것도 모르는 지역에 가서 어디서 무엇을 봐야 할지도 모르겠는데 이른 아침부터 낯선 지역으로 이동한다는 것 자체가 상당히 힘들었다. 여행을 가는 것과는 또 다른 느낌인 것 같다. 여행은 가서 쉬고 먹고 즐기고 느끼고 볼 것들이 많았지만, 임장은 단순히 콘크리트로 되어 있는 아파트 도로 주변 환경 등을 봐야 하는 것이기 때문에 상당히 막막하고 힘들다는 생각이 들어서 정말 아침에 일어나서 밖으로 나가기가 두려웠던 적이 한두 번이 아니었던 것 같다.

　그런데 앞서 이야기한 것처럼 매달 스케줄을 정하고 수많은 기차표를 미리 끊어놓고 내가 갈 수밖에 없는 환경을 만들어 놓고 난 이후부터는 힘들다는 생각을 할 겨를도 없이 무의식적으로 밖으로 나갔던 것 같다. 이러한 행동들이 몇 달이 지나고 나서는 습관이 되어 그렇게 힘들다고 느껴지진 않았다. 하지만 아무래도 몸이 고되다 보니 임장을 마치고 돌아오는 길은 상당히 피곤하긴 했다. 여러분들은 지금부터라도 임장을 벽으로 생각하지 말고 앞서 일러준 여러 가지 방법들을 잘 이용해서 해나간다면 온통 걷기와 엑셀에 데이터 채우기를 했던 나와는 다르게 훨씬 수월하게 임장을 할 수 있을 것이라고 생각한다.

임장은 습관적으로 꾸준히 해나가야 하는 것은 맞지만 무작정 밀고 나가야 하는 것이 아니라 잠시 쉬어가도 괜찮다는 것이다. 임장이 벽으로 느껴지는 가장 큰 이유 중 하나는 한두 번 해보니 몸이 힘들다는 것을 알았기 때문이다. 몸이 건강하고 에너지가 넘친다면 밖으로 나가서 돌아다니는 것이 왜 장벽이 되겠는가? 이럴 때는 잠시 멈춰서 쉬면서 나의 몸을 돌보는 시간을 가지면 좋다.

몸이 힘들면 아무것도 하기 싫고 그 상태를 참고 계속 무리를 하다 보면 건강에 탈이 나기 마련이며 이런 과정에서 부동산 투자를 멈추게 되는 경우가 상당히 많다. 사람이 하는 행동 중에 가장 힘든 것이 지속해서 무언가를 꾸준히 하는 것이다. 그런데 임장이 벽으로 느껴지는 상태가 왔다라는 것은 건강에 조금이라도 무리가 왔다는 것이고 이럴 때 더 피곤한 상황으로 몰아넣게 되면 부동산 투자에 대해서 집중하기보다는 오히려 관두는 계기를 나 스스로 만드는 상황에 처하게 된다.

그리고 본인의 기준 없이 남들이 좋다는 임장지로 무작정 가기보다는 내가 사는 지역에서 최종적으로 살고 싶은 아파트나 살고 싶은 지역으로 가서 '아직은 당장 들어갈 수 없지만 계속 더 노력해서 이곳에 투자하겠다'라는 자신에게 맞춘 마인드셋을 하고, 돈을 벌 수 있는 방법에 대해서 고민하고 실천해나간다면 그것이 더 나은 실질적이고 도움이 될 것이다.

　부동산 공부를 하다 보면 간절함에 관한 이야기를 참 많이 듣게 된다. 부동산 강의에 뜻이 있거나 부동산 투자로 엄청난 돈을 벌겠다는 사람들에 대해서는 이런 간절함이 필요할지도 모르겠다. 하지만 내가 먹고사는 데 큰 어려움 없이 살 수 있을 만큼 적당히 돈을 벌고 적정 수준의 노후를 준비하는 정도를 생각한다면 너무 간절하지 않아도 되며 매일, 매주 임장을 할 필요도 없다고 생각한다. 적어도 내가 가진 자산이 인플레이션에 녹아내리지 않고 미래를 준비할 수 있을 정도의 돈을 마련하는 것이라고 한다면 말이다.

　물론 이 책을 읽는 독자분들 모두 서울·수도권 전역을 임장해서 좀 더 큰 수익을 얻는 투자를 하면 좋겠다고 생각은 하지만 그것이 직장을 다니고 일상생활을 해야 하는 평범한 우리들의 기준에서 쉽지 않다는 것을 알기 때문에 모두가 무조건 그런 극심한 노력까지 해야 한다고 강조하고 싶지는 않다. 누구에게나 순간순간 벽이 되고 낯선 곳에 가서 온종일 둘러보는 것이 어려운 과정이라는 것을 인정하기 때문이다.

　혹여 임장이 높은 벽으로 느껴져서 꾸준히 못 한다고 해서 내가 게으른 사람이거나 노력도 하지 않는다고 생각하는 등 자괴감을 느끼거나 자기비하를 하지 않았으면 하는 바람에서 계속 이야기하는 것이다. 모든 이에게 처음 시작은 낯설고 힘들고 어려운 과정이다. 그래서 이렇게 임장이 벽으로 다가오고 다른 지역에 가는 것이 어렵다고 느껴지는 순간이 올 때마다 계속 강조하고 싶은 것은 나를 낮추지 말고 잠시 몸과 머리를 쉬게 해주면서 시간을 가지고 여유를 가지라는 말을 해주고 싶다는 것이다. 하지만 이때도 간간이 여러 루트의 검색은 하면서 다음을 계획하는 것도 잊지는 말자.

사람들은 대부분 단기간에 빠르고 쉽게 부자가 되고 싶어 한다. 하지만 현재의 나를 만드는 건 과거의 내 행동이 쌓여서 만드는 것이다. 럭키 펀치를 바랄 것이 아니라 지금까지의 나를 만든 과정이 무엇인지에 대해서 돌이켜보는 것이 중요하다고 강조하고 싶다.

즉 임장을 한 번만 하고 그만두면 결국 시작하지 않은 사람과 별다른 차이가 없다. 하지만 그만두지 않고 꾸준하게 계속해서 1라운드부터 9라운드까지 겪는다면 그게 벽이 아니라 오히려 내가 부동산을 잘 이해할 수 있는 계기가 된다고 생각한다.

살면서 벽을 만나는 건 나쁜 일이 아니라고 생각한다. 왜냐하면 벽이라는 것은 내가 무언가를 시작하고, 앞으로 나가야지만 만날 수 있기 때문이다. 꼭 한 번에 뛰어넘어야 하는 것도 아니고 벽이 생겼다고 해서 멈출 필요도 없다. 이런 과정에서 비로소 내가 성장하는 것이다.

이 책을 쓰고 있는 필자도 처음에 부동산과 임장이라는 것을 대할 때 정말 망망대해에 홀로 떨어진 느낌이었다. 매일매일 나가서 걷고, 매일매일 책을 봐야 하고, 강의를 들어야 하고, 자료 등을 만들어내야 하는 과정에서 회의감도 들고 그만두고 싶었던 적이 한두 번이 아니었지만 이러한 벽을 넘고 넘다 보니 결국 전국을 돌아다녔고 부동산에 대해서 잘 이해할 수 있게 되었다.

다시 한번 말하지만, 나처럼 하라는 이야기가 아니다. 지금까지 여러 방법을 설명했듯 본인에게 맞는, 본인이 감당할 수 있게 하라는 것이다. 힘든 상황을 마주했을 때 무작정 부딪치기보다는 한 발 물러서는 지혜도 필요하다. 잠시 멈춰서 앞으로 또 나아갈 것을 계속 생각하고 고민하다 보면 더 좋은 방법이 보이기 마련이다. 그래서 시련이 다가왔을 때 좌절하고 포기하기보다는 각자의 방법으로 상황과 자신을 돌아보고 그것을 바탕으로 앞을 계획했으면 한다.

부동산 중개사무소 방문은 이렇게 하라

　부동산 공부를 하다 보면 중개사무소에 방문하는 것을 매우 중요한 과정이라고 이야기하는 분들이 상당히 많이 본다. 하지만 전 지역을 임장하고 느낀 바로는 중개사무소에 방문해서 수많은 질문을 하고 개별 매물을 보는 것이 그렇게 중요하지 않다는 것을 깨달았다. 또한 실제로 바로 실거주 또는 투자하려는 목적이 아닌 단순히 공부하는 차원에서 방문하는 것은 그분들에게 엄청난 실례다. 그분들은 한 건 한 건이 수입 및 생계로 연계되어 있다는 것을 잊지 말자.

　실제로 나도 부동산 공부를 처음 할 때 강사들의 말에 따라 그래야 하는 줄 알고 중개사무소에 들러서 수없이 많은 매물을 보며 공인중개사분들께 불편을 드렸던 기억이 있다. 이 자리를 빌려 죄송하다는 사과 말씀을 드리고 싶다. 그리고 오히려 이처럼 개별 매물에 집중해서 부동산을 보다 보면 많은 것을 알 수가 없다. 실제로 부동산 투자를 한다라는 것은 앞서 이야기 했던 바와 같이 주변에 있는 환경을 보는 것이기 때문에 실제로 내가 많은 지역을 둘러보고 그 지역에 투자해야겠다는 확신이 들었을 때 그

제서야 중개사무소에 방문해서 개별 매물을 보는 것이 순서다. 이때는 본인이 투자에 확신을 가지고 방문하는 것이므로 더욱 적극적으로 열심히 방문을 해야 한다.

임장을 하고 부동산 공부를 하면서 정말 수없이 많은 사람을 만났다. 그러한 과정에서 중개사무소에 들러 공인중개사분들과 대화를 하는 것이 상당히 어렵고 힘든 과정이라고 느끼는 분들이 많다는 것을 알았다. 하지만 투자에 진심을 갖고 그분들을 대한다면 어려울 것도 없고 오히려 친절하게 대해 주실 것이다.

잘 알지도 못하는 지역에 가서 중개사무소부터 들러 무차별적으로 여러 매물을 보기는 쉽지도 않고 불필요한 행동이다. 이와는 다르게 실제로 본인이 거주하는 지역에서 불가피하게 이사를 해야 하는 경우가 생길 수도 있고 더 나은 곳으로 싱향 이사를 해야 한다는 생각이 들 때도 있다. 이럴 때는 근처 중개사무소에 들러 사정을 말씀드리고 상황에 따른 조언을 구하고 함께 집을 둘러볼 수도 있다.

공인중개사분들도 방문한 수요자들이 모두 계약으로 이어지지 않는다는 것을 안다. 실제로 그 주변에 사는 사람이 집을 알아보기 위해서 방문하는 것은 매우 자연스러운 일들이기 때문에 이분들에게 민폐를 끼치는 과정이 아니다.

부동산 공부 및 투자라는 것이 단순하게 강의에서 배운 내용대로 매물과 환경을 보고 정해진 기준 안에서 정답을 찾는 것은 아니다. 수많은 경험이 쌓여서 다양하고 서로 다른 입지와 환경을 이해하고 사람을 대하는 과정이다. 실제로 가끔 특정 지역에 대한 이슈가 생겨 수백 명 또는 수천 명의 사람이 그 지역에 몰려서 그 일대 중개사무소가 마비된다는 기사나 소식을 들을 때가 있을 것이다. 특히 울산 지역이 이러한 투자로 상당히 시끄러웠던 적이 많은데 부끄러운 과거이지만 나도 그중 한 명으로 비슷한 처지에 있는 사람들과 섞여 중개사무소를 찾아간 적이 있었다. 여러분들은 이러지 않았으면 한다. 본인에게도 그분들에게도 모두 도움이 되지 않는다는 것을 기억하자.

더 나아가 진짜 투자를 할 때 그 지역을 가장 잘 아는 공인중개사분들을 협력자로 만들어야 한다. 그동안 필자가 그분들과 수차례 대화를 나눠 본 결과 정말 좋은 물건을 매수하고 싶다면 진심으로 투자 또는 매매 수요자라는 것을 강력하게 어필해야 한다. 더불어 단순히 수수료를 주고받는 계약관계를 넘어 여러 차례 방문해 이야기를 나누고 큰 것이 아니더라도 따뜻한 차 한 잔 등을 대접해드리며 간절함을 전달하는 것도 부동산 투자를 하는 데 있어 엄청난 도움이 되었다. 부동산 거래는 단순히 콘크리트 건물을 사고파는 것 이상으로 감정이 들어간 사람 대 사람으로 해결해야 할 상황들이 많다. 알맹이 없는 껍데기식의 일회성 방문이 아닌 본인의 진정성을 보여주고 원하는 가장 실한 알맹이를 챙겨 넣을 수 있는 인간적인 관계를 맺도록 하자.

PART 4

임장으로 얻을 수 있는 것

　부동산 공부 및 투자에 있어 가장 많이 접하게 되는 중요한 과정은 임장이다. 실제로 지난 5년간 전국의 모든 지역을 돌아본 경험을 통해 '직접 온몸으로 습득하고 체득화한 임장은 부동산 투자를 잘할 수 있는 최고의 방법'이다.

　실제로 부동산이라는 것이 살면서 일반인으로서 가장 큰돈을 넣는 일생일대의 선택일 수도 있고, 한번 거주지를 정하면 쉽게 옮길 수도 없기 때문에 가장 효율적인 투자를 해야 한다. 이때 임장을 통해서 내가 가진 돈으로 가장 좋은 투자를 할 방법을 스스로 판단하는 과정을 거쳐 선택까지 할 수 있는 것이다.

　실제로 많은 부동산 강사, 전문가들이 실거주와 투자를 분리해서 자산을 불려나가는 과정이 있어야 부자로 갈 수 있다고 이야기하는데 왜 그래야 하는지 이유를 아는 방법이 임장이다. 내가 사는 지역의 가치, 투자하고 싶은 지역의 가치, 그 외에 어떻게 투자해야 하는지에 대해서 참 막연한데 이렇게 전 지역을 돌아다니며 지역 간의 비교를 하면서 가치를 알아가다 보면 내 상황에서의 최고, 최고의 선택을 할 수 있다고 생각한다.

공부 초반에는 임장지를 늘릴 때마다 소액으로 여러 지역에 투자하면 금방 많은 돈을 벌 수 있을 거라고 배웠고, 생각했다. 하지만 움직이면 움직일수록 생각은 바뀌었고 그에 더해 임장을 통해서 인생을 배웠다고 생각한다. 개인적으로 정말 많은 시간과 노력, 비용이 드는, 쉽지 않은 과정이었고 현재도 진행 중이지만 잊지 못할 여정이며 내 앞날의 목표를 갖게 해준 경험이라고 생각한다. 수많은 사람을 만나고 그들과 고민을 공유하면서 어쩌면 부동산이라는 것이 인간의 일생에서 떼려야 뗄 수 없는 가장 중요한 요소라는 것도 배울 수 있었다. 부를 이룬다는 건 오랜 시간 동안 공부하고 투자를 하고 인내하며 버텨나가야 하는 인생의 과정과 같다는 걸 깨우친 것이다. 그리고 부동산 시장이 왜 이렇게 흘러갈 수밖에 없는지에 대한 부동산의 본질에 대해서도 배울 수 있었던 것 같다.

그리고 또 하나, 기다림에 대한 여유가 생겼다. 부동산 공부를 처음 시작할 때만 해도 3년 안에, 5년 안에, 10년 안에 엄청난 부자가 되어야겠다라는 촉박함에 나를 한없이 몰아넣었던 것 같다. 하지만 쉼 없이 목표만을 향해 무조건 달려가기만 하다 보니 나 자신은 물론 주변 사람들을 돌아보는 여유는 사라져 주변인들과의 관계뿐만 아니라 사회생활에서도 여러 문제가 생겼다. 결국 이렇게 맹목적으로 집착하는 것이 좋은 결과로 이어지기 어렵다는 것도 깨달았고, 어찌 보면 부자가 된다는 건 꾸준한 노력을 해온 자에게 오는 시기와 운의 문제이자 기회라는 것을 알았다. 그 기회를 얻으려면 준비가 되어 있어야 한다.

　이제는 처음 임장을 시작했을 때와 달리 아는 지역이 많아지면서 어떻게 구성되고 연계되어 세상이 돌아가는지도 알았고 무엇보다 현명한 투자는 어떻게 해야 하는지에 대한 확신이 들었기 때문에 긴 인생을 사는 동안 부동산이라는 엄청난 상대를 여유 있게 대할 수 있는 마음가짐과 태도로 더 단단하게 다지며 발전해나갈 것이다.

결국 돈을
벌기 위한 것

 이 모든 과정은 결국 돈을 벌기 위한 것이다. 대한민국은 OECD 국가 중에서 가장 열악한 노후 보장 제도를 아직 유지하고 있는 안타까운 현실에 놓여 있다. 실제로 많은 국민이 기준 연령 이후 국가에서 나오는 연금으로는 풍족한 노후가 불가능하므로 은퇴 이후에도 생계를 위해 일해야 하는 실정이다.

 대부분의 사람들이 60세에 은퇴해서 90세까지 산다고 가정을 했을 때 생각하는 생활비가 한 달에 300만 원 정도인데 이를 물가상승률이 하나도 없는 평생의 생활비로 계산해본다고 하더라도 30년 기준으로 약 10억 8,000만 원에 대한 돈을 모아야 한다. 퇴직금과 국민연금으로 일부 생활비를 충당한다고 하더라도 이것이 목표로 하는 300만 원에는 턱없이 부족하기 때문에 결국 60세가 넘어서도 일터로 나가야 하는 악순환이 반복되는 것이다.

 대한민국은 참 아이러니하게도 학창시절에는 대학 진학을 위한 학군지는 언제나 뜨거운데 정작 현실을 살아가는데 너무나 중요한 '진짜 자본주의'와 '진짜 경제'에 대해서는 어디서도 배우지 못한다. 커서는 직장에 다니며 돈을 벌어야 하고 가족을 돌봐야 하는 등 살아가느라 바빠 자본주의에 대해 따로 이해를 하려고 들지 않고, 할 기회도 없는 것이 현실이다. 그러다가 결국 경제 흐름 속의 부동산의 진가를 모르고 그냥 내가 사는 곳에 머무르며 자산 대부분을 묵혀놓고 있다가 인플레이션을 따라가지 못한 경우 오히려 마이너스가 되어 자산 역순환 상황에 이르게 되는 것이다.

누구나 돈을 많이 벌어 풍요로운 삶과 특히 안락한 노후를 보내고 싶어 한다. 하지만 본인이 현재 벌어들이는 급여만 바라볼 뿐 그 외의 기타 소득을 통해 준비하려고는 하지 않는 경우가 더 많다. 만약 이런 경우라면 본인의 다른 노력 없이 자산이 상승할 수 있는 유일한 방법은 부동산일 것이다. 일반인의 입장에서 자산의 가장 큰 부분을 실거주에 넣어두고 살아가다 그 지역의 가치에 따라 성장률은 다르겠지만 웬만해서는 커져 있을 테니 말이다.

실제로 바쁘게 살다 보면 당장 일상생활과 업무를 위한 시간 외에 다른 소득을 위해 노력하기가 쉽지 않은데 이러한 상황에서 개인이 할 수 있는 노력으로 최대한의 결과를 얻을 수 있는 것이 부동산이기 때문에 이 모든 과정이 내 인생을 풍요롭게 하는 과정이라고 생각하면 좋겠다. 앞선 글에서 수없이 강조했지만, 필자처럼 전 지역을 돌아볼 필요는 없다. 적어도 내가 사는 지역에서 더 좋은 곳을 골라 이사하는 노력 정도는 해야 물가상승률보다 내 집의 가치상승 속도가 훨씬 더 빠르다는 것이다. 결국 노후에 직장 또는 돈을 벌 수 있는 환경에서 은퇴해서 풍요롭게 보낼 수 있게 만드는 것이 부동산 투자의 핵심인 것이다.

지금 당장 돈에 대해서 신경이 쓰이지 않을 수도 있다. 왜냐하면 급여가 주기적으로 나오고 지금 당장 투자를 하지 않는다고 해서 생활에 큰 위기가 찾아오지 않으니까 말이다. 하지만 지금 당장 문제 가 아니라고 해서 계속 자산관리를 외면한다면 결국 나이가 들고 소득이 줄거나 직장을 그만두게 되어 정말 곤란한 상황에 놓이게 될 수 있다.

필자가 이렇게 부동산에 관심을 갖고 돈에 대해서 생각하게 된 계기가 있다. 같은 직장에서 명예퇴직, 정년퇴직한 선배들이 그 후 즐거운 은퇴생활을 보내는 것이 아니라 계속해서 생계를 위한 직업을 갖고 돈을 벌어야 하는 상황에 처하는 것을 봤을 뿐 아니라 오랜만에 함께 식사하는 자리에서 들었던 이야기가 시발점이 된 것이다.

내용인즉슨 남의 돈만 관리해줄 줄 알았지 정작 본인 돈은 그렇게 하지 못해 아무래도 앞으로 10년은 더 일해야 할 것 같다는 말을 넋두리처럼 하는 것을 보고 엄청난 충격을 받은 것이다. 필자가 처음 입사했을 때 그렇게 멋지게 보이던 선배님들의 넋두리들이 너무 짠하고 속이 상한 것을 넘어 나의 앞날을 생각하게 되었다.

많은 이들이 은퇴 이후에 멋진 삶을 꿈꾼다. 풍요로운 형편으로 해외여행을 다니고 손주 손녀에게 용돈을 주고 친구들과 만나서 취미생활을 즐기는 등 편안한 여유로운 노후 생활을 보내고 싶어 한다. 하지만 현재의 대한민국 은퇴 시스템은 개인의 노후를 절대 책임져주지 않는 냉혹한 현실이다. 실제로 선진국 기준으로 대한민국에서 60세 이후 노후빈곤율이 전 세계 중 매우 높아 생계를 위해서 일해야 하는 사람들이 대부분이다. 그리고 이러한 상황이 더 심각한 이유는 인간의 평균수명이 압도적으로 늘어나면서 조만간 대한민국이 전 세계에서 노인 인구가 가장 많은 초고령화 사회로 접어든다는 점이다.

이 말은 국가의 연금 재원도 바닥이 나지만 본인 스스로가 책임져야 할 은퇴 이후의 시간이 더 길어지기 때문에 준비가 안 된 이들에게 있어 은퇴 또는 노후라는 말은 축복이 아닌 재앙이 될 수도 있다는 것이다. 결국 우리는 돈에 대해서 민감해야 하고 돈의 흐름을 이해해서 당장 벌어들이는 월급뿐만 아니라 나의 미래를 책임져줄 수 있는 돈의 재생산이 가능하게 지금부터 차근차근 준비해야 한다는 것을 말하고 싶다.

지금부터 시간을 내서 은퇴 후, 또는 조금 더 앞선 나의 삶을 위해 현재의 시간과 노력을 조금만 녹인다면 얼마든지 효율적인 투자로 자산을 체계적으로 불려갈 수 있다. 앞서 이야기했듯 많은 사람들이 수십 년째 본인이 태어나고 자란 지역에서 벗어나지 못하고 계속 살아간다. 남들이 부동산을 통해 자산을 늘려가는 것을 부러워는 하지만 본인이 직접 실천에 옮기는 경우는 흔치 않았다.

결국 돈이라는 것은 삶에 있어서 절대 떼려야 뗄 수 없는 관계이기 때문에 돈을 외면하면 삶이 힘들어지는 건 본인이다. 필자의 초반 임장은 무모하기까지 했고 그 후로 지금까지 시간도 비용도 노력도 많이 쏟았지만 지난 5년의 과정을 절대로 후회하지 않는다. 왜냐하면 결국 어떻게 자산을 불려나가야 하는지에 대해서 배웠고 적어도 내가 은퇴할 시점에 돈에 대해 걱정은 하지 않을 정도로 자산을 불려 놓을 체계적이고 확실한 계획도, 자신감도 생겼기 때문이다.

그래서 이 글을 읽는 많은 분들이 미래를 준비하고 싶은 마음이 크다면 돈과 부동산에 대해서 이해하고 그 과정에서 자본주의가 어떤 것인지 지금이라도 시간을 들여 공부해야 한다고 생각한다. 더욱이 본인이 가장이어서 가족을 책임져야 하는 위치거나 비혼을 생각한다면 각자의 상황에 맞게 미래를 충분히 준비해야 할 것이며 이러한 과정들로 인해 삶의 질과 만족도가 올라갈 수 있음을 잊지 말자.

그리고 돈에 대해서 솔직해졌으면 좋겠다. 부자가 된다는 것은 탐욕스러운 것도 아니고 남에게 피해를 주는 것도 아니다. 자본주의 시스템을 충분히 이해하고 남들보다 더 치열하게 본인의 모든 것을 쏟아 정당한 노력으로 많은 돈을 버는 것이다. 우리도 돈에 대해 솔직한 태도를 갖고 돈을 불려나가는 방법을 체계적으로 공부한다면 정말 천문학적인 돈은 아니더라도 노후를 준비할 만큼의 넉넉한 돈은 얼마든지 만들 수 있다고 생각한다. 돈이 인생의 전부는 아니지만, 그 어떤 누구도 돈에 대해서 자유로울 수 없고, 돈이 없다면 모순적으로 돈이 인생의 전부가 되는 상황이 되기도 한다. 우리는 꼭 미리 준비해서 노후를 아름답게 보낼 수 있는 그런 현명한 사람이 되었으면 한다.

부동산 투자에서 내가 내린 결정이 아닐 때 느끼는 답답함은 누구나 겪는 현실이다.

내 삶인데 왜 스스로 선택할 수 없을까, 자문하게 되지만, 돌이켜보면 이 단순한 바람조차 결코 쉽게 이루어지지 않는다는 걸 깨닫게 된다. 투자도 마찬가지다.

처음에는 나만의 결정을 내리기 어렵고, 주변의 말이나 불안감에 휩쓸려 스스로 선택하지 못한 채 머뭇거리게 된다. 수많은 정보 앞에서 주도권을 잃기 쉽고, 그 결과 추진하고 싶던 매수나 매도를 결국 남의 선택에 맡기고 후회하는 일이 반복된다.

결국 중요한 건 쉽지 않더라도 나만의 선택을 포기하지 않는 일이다. 내 부동산 투자도, 내 인생도 직접 결정할 줄 아는 용기와 책임감이 성장의 첫걸음임을 잊지 말아야 한다.

아는 만큼 보인다

　부동산 임장을 하면서 만났던 수많은 사람들과 특정 지역을 임장하고 나서 그 지역에 대해서 투자를 해야 하는지 말아야 하는지에 대한 갑론을박으로 밤을 지새운 적이 한두 번이 아니다. 온종일 그 지역을 함께 돌아다니면서 부동산에 관한 대화를 계속 나누다 보니 실제로 투자금이 적게 들어가면서 쾌적하게 보이는 단지를 보면 투자하고 싶은 마음이 많이 든다.

　그리고 아는 지역이 점점 더 늘어날수록 각 지역에 대해서 더 나은 점을 찾아 비교하고 실제로 투자를 해야 하나 말아야 하나 수없이 많은 고민에 빠지게 된다. 지방 광역시를 돌 때만 해도 적은 돈으로 투자할 수 있는 지역을 찾아서 많이 돌아다녔던 것 같다. 왜냐하면 소시민이 가진 돈이라는 게 한계가 있고 실제로 부동산 한 채 또는 두 채를 투자하고 나면 그 다음 투자를 위해서 오랜 시간을 견뎌야 한다는 생각에서였다.

　하지만 수많은 지역을 둘러보면서 내렸던 결론은 일부러 그런 목표를 세우고 좇을 필요 없이 아는 지역이 많을수록 얼마만큼의 돈으로 어떤 투자를 할 수 있는지 자연스럽게 알게 된다는 것이었다. 그리고 지금은 소액으로 많은 지역에 투자하는 것보다 똘똘한 한 채에 집중하는 것이 맞는다는 확신이 들었다. 실제로 이러한 투자 방법은 절대적인 정답이 있는 것이 아니라 시기에 따라, 지역에 따라, 그리고 경제상황에 따라서 다르기 때문에 아는 지역이 많으면 어떠한 방법이 그때그때의 투자 방법으로 가장 좋은지 알 수 있다.

하지만 부동산과 관련 없는 직업을 가진 일반인의 기준으로 아는 지역이 많을 수도 없고 본인이 사는 지역 외에는 다른 곳을 임장하면서 각 지역에 대한 이해, 투자에 대한 이해를 넓혀가는 것들이 어렵기 때문에 부동산 투자가 어렵다고 느끼는 것이라고 생각한다.

아는 지역이라는 것이 어떻게 보면 태어나고 자란 지역이 서울인지 지방인지, 직장이 서울·수도권 핵심지에 있는지 지방에 있는지에 따라 개인의 차가 극명하게 생길 수 있어 개인의 운의 영역도 일부 있다고 생각한다.

하지만 이런 운과 상관없이 자산을 불리려고 하는 노력이 있다면 그 이상으로 많은 노력을 해야 할 것이다. 그래서 부동산 투자로 돈을 버는 것이 어렵고 성공한 사람이 많지 않은 것이 현실이다. 접근조차 시도하지 못하는 사람들도 많다. 이런 상황에서 이 책을 통해 만난 우리는 함께 해보자고 하고 싶다.

본인이 살고 있는 곳이 지방이라면 각 지방의 핵심지는 여전히 가치가 있고 앞으로 인구가 줄어드는 상황에서도 살아남을 것이기 때문에 서울 수도권에 투자하지 못한다고 하더라도 앞에서 일러준 방법대로 본인이 사는 지역부터 둘러보면서 상급지로 이동하는 노력을 했으면 좋겠다. 특히 광역시급의 도시라면 대장급 단지들을 둘러보면 본인이 사는 지역과 그 대장 지역의 차이가 극명하게 보일 것이다. 이렇게 지역을 이해하는 노력을 지속한다면 지방에서도 충분히 기회를 잡아 자산을 불려나갈 수 있다고 생각한다. 왜냐하면 어느 지역이든 핵심지의 재개발 또는 재건축이라는 이슈들은 항상 발생하기 마련이고 오히려 지방에 살고 있다면 많은 돈을 투자하지 않고도 자산을 차근차근 단계적으로 불려나갈 수 있는 기회를 잡을 수도 있을 것이다.

배우는 것을 주저해서는 안 된다. 일생을 통틀어 공부를 한다는 것이 꼭 학교에 다니는 시기에만 머물러 있어서는 안 된다는 것이 필자의 생각이다. 어찌 보면 학교를 졸업하고 사회에 나온 후에 잘 살아가기 위해 더 많은 공부를 지속해서 해야 하는데 그중 가장 집중해야 할 것이 자본주의 즉 돈에 대한 이해를 공부하는 것이다. 앞에서도 이야기했지만 사실 학교에서도 이런 현실적이고 실질적인 경제공부가 안 이루어지고 있어 평생 모르고 지나가는 이들이 더 많은 게 우리나라 현실이다. 결과적으로 대한민국의 성인들은 전반적인 경제 흐름과 돈의 실체에 대한 이해가 많이 부족할 수밖에 없다. 그러므로 본인이 알아야 원하는 자산의 크기를 이루고 여유로운 시간을 맞이할 수 있음을 인정해야 한다. 당장 형편이 안 된다고, 남의 눈치를 보느라 부동산 투자를 사회악적인 투기라고 치부하고 외면하는 생각과 행동은 지양해야 할 것이다.

부동산 투자의 기회는 언제든 다시 온다. 시장은 오랜 시간 동안 끊임없이 사이클을 그리며 흘러왔다. 한 번의 상승장에서 성공을 거둔 사람도 언제 또 시장에 휩쓸릴지 모르는 일이기에, 단순히 타이밍만으로 생각할 수 없다.

투자는 혼자서 감당해야 할 외로운 여정이다. 그러나 그 길에 함께 할 동료가 곁에 있다면, 힘들고 외로운 시기에도 서로에게 든든한 버팀목이 될 수 있다. 투자에 모든 것을 걸기보다, 소중한 인연을 아끼고 지키는 마음도 함께 가져야 진정한 부동산 투자자의 자세다.

지난 상승장에서 필자는 낙담했다. 다시는 죽는 날까지 집을 못 살 거로 생각해서였다. 하지만 그것은 틀린 판단이었다. 필자가 투자에 대한 지식이 부족했기 때문이다. 이번 상승장을 겪으면서 부동산에 대해서 더 깊이 파헤쳐보니 필자가 틀렸다. 투자는 언제든지 할 수 있고 실력이 있다면 얼마든지 수익을 낼 수 있는 것이다. 투자 대상은 가격이 오르고 내리는 사이클이 있다. 그것을 흐름에 따라 판단하고 투자해서 수익을 내는 것은 오로지 개인의 실력에 달려 있다. 그것을 모르고는 수익을 낼 수 없다. 시기가 안 좋아서 투자가 어렵다면 잠시 쉬어가는 것도 하나의 방법이다.

세상에서 가장 투자를 잘하는 투자자 워런 버핏도 연평균 수익률이 25%다. 하지만 많은 이들이 이 정도 비율이 아니라 10배, 20배의 수익을 원하기에 오히려 투자자로 성장하지 못한다. 진정한 투자자는 자신의 실력과 그에 따른 결과를 정확하게 알고 투자 여부를 합리적으로 판단하는 사람이다. 요행을 바라며 따지지도 않고 돈을 넣고는 10배, 20배를 바라는 것은 투자가 아니라 도박이다. 기억하자. 준비된 자는 언제든지 돈을 벌 수 있다.

지역 간의
비교하는 방법

　지역 간의 비교를 한다는 것은 비슷한 조건, 환경에 비슷한 투자금을 가지고 더 좋은 선택지를 판단하는 과정이다. 실제로 정말 돈이 많은 부자가 아니라면 필자가 초기에 지방에 소액으로 투자처를 찾았던 이유처럼 자금의 한계로 아파트 한두 채 매수 후 여기서 수익이 불어날 때까지 기다려야 하므로 실제로 수십 채, 수백 채의 부동산을 거래하는 것이 어려운 것이 현실이다.

　그래서 한 채라도 효율적으로 잘 매수해야 다음 투자까지 이어질 수 있다. 그런데 본인이 사는 지역밖에 모른다고 한다면, 그곳을 포함하는 가장 큰 행정구역의 핵심지 임장까지 하면 그나마 선택지가 2곳이 된다. 하지만 앞의 지도에서 예를 든 것처럼 내가 아는 지역이 부산, 대구, 대전도 있고 서울의 마포구도 있다면 4곳을 비교할 수 있고 그중 어떤 선택이 더 큰 수익을 줄 수 있는 효율적인 투자처일지 판단해 볼 수 있을 것이다. 이 중 어디가 더 좋은 투자처냐고 필자에게 묻는다면 지금까지의 내용을 바탕으로 여러분들이 충분히 알 수 있다고 답을 하겠다.

단, 이때 유의해야 할 것은 같은 기준으로 비교해야 한다는 것이다. 필자는 소시민이 가지고 있는 투자금이 4억 원에서 6억 원이면 매우 크다고 생각하며 집값의 기준은 5억 원 이상, 20~30평형대를 일반적인 기준으로 놓고 지역간의 비교를 했다. 대체적으로 5억 원 미만 아파트는 가치가 떨어지는 것들이 많고, 거래가 잘 되는 평형대를 가지고 있어야 나중에 보다 손쉽게 팔 수도 있기 때문이다. 이런 식으로 각자의 기준을 세워서 지역간의 비교를 하며 대상을 찾아보면 좋다.

그리고 특히 세대수에 대한 기준도 매우 중요하다. 서울에서는 세대수가 적어도 투자 가치가 있지만, 지방의 경우 600세대 이상은 되어야 거래량이 꾸준히 나온다. 이때 거래량을 유의미하게 보는 이유는 그 집을 평생 가지고 갈 것이 아니라 적기에 매도하고 그 수익금을 바탕으로 더 나은 지역으로 나아가야 하기 때문이다.

이제 여러분들도 아는 지역이 많고 기준이 명확할수록 유용할 수 있는 자금 안에서 가장 좋은 곳을 고를 수 있다는 것을 명확히 이해했으리라 생각한다. 직접 임장을 간다면 가장 좋겠지만 현실적으로 불가하다면 앞서 소개했던 여러 앱을 통해서라도 평소 핵심지 중심으로 많이 살펴보면서 지역 비교 연습을 많이 해보고 한두 곳이라도 꼭 직접 가보는 것까지 해보도록 하자. 단, 지나친 앱 임장에 빠지지는 말자. 눈으로 직접 보는 것만큼 큰 효과와 결과를 가져다주는 것은 없음을 기억하자.

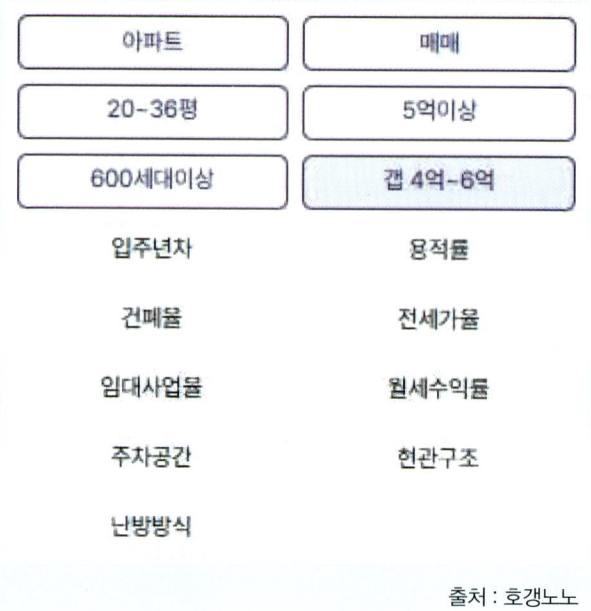

출처 : 호갱노노

출처 : 호갱노노

출처 : 호갱노노

출처 : 호갱노노

PART 4. 임장으로 얻을 수 있는 것

출처 : 호갱노노

지역 간의 비교가 필요한 이유가 또 있다. 예전에는 지방 광역시의 대장급 아파트가 있는 지역이 서울·수도권의 3급지 정도의 위치를 지키고 있었다. 하지만 지금의 부동산 시장은 초양극화로 가고 있어 지방 대장 단지들은 상당히 저평가되고 있는 반면 서울·수도권 핵심지역은 가격이 치솟고 있기 때문이다.

이런 상황에서 초보자들이 여러 가지로 혼란을 겪을 수가 있는데 계속 강조하는 대로 아는 지역이 많아지면 숫자로만 나타나는 절대가격으로가 아닌 지방 광역시의 대장아파트 단지들의 가격이 싼지 비싼지도 확연하게 판단할 수 있게 된다. 앞으로도 부동산 시장이 어떻게 바뀔지는 아무도 모른다. 나만의 기준, 임장으로써 아는 지역의 확대, 상황이 여의치 않으면 부동산 앱을 통한 웹 임장 후 선정한 지역의 직접 임장하고, 마지막으로 지역 비교를 해보자.

처음 공부를 할 때는 필자 역시 아는 지역이 몇 개 없었다. 그 상태로 각 지역의 가격과 유의미한 특징을 찾아내려고 끝없는 분석과 비교를 했던 것으로 기억이 난다. 하지만 이렇게 특정 지역에 매몰되어서 지역 간의 비교를 한다는 것이 얼마나 의미 없는 행동이었는지 점차 시간이 흐르면서 알게 되었다.

실제로 크고 작은 행정구역 단위를 서로 비교한다는 건 전 지역에 대한 가격과 입지를 파악하고 나서 그 지역의 인구, 수준, 특성을 가지고 가격대별로 체계적으로 비교해야 하는데 우물 안 개구리의 눈으로 세상을 보려고 한 것이었다. 이후 아는 지역이 많아지고 가격대별로 지역을 분석할 수 있게 되면서 부동산 투자라는 것에 대한 더 명확한 기준이 생겼고 투자를 한 지역에 대해서 흔들린다거나 불안해하는 마음이 없어졌다. 나의 선택을 확실하게 믿을 수 있게 된 것이다.

무엇이든 첫 시작이 어려운 것 같다. 수많은 시간 동안 계속 비교해보려고 노력하고 생각하는 과정들이 자연스럽게 습관으로 이어질 수 있다. 필자가 안내하는 과정들을 여러분들이 당장 못한다고 해서 스스로 잘못하고 있다고 생각하는 건 절대적으로 금물이다. 지금부터 시간을 내어서 내가 사는 지역과 그 주변 지역을 찾아보고 양쪽의 가격이 왜 다른지 서투르게라도 분석하고 비교하는 과정부터 시작해보자. 시작해보면 할 수 있다는 자신감을 얻을 수 있을 것이다. 할 수 있는 범위 안에서 해보자. 하다 보면 무조건 범위도 실력도 는다.

　일례로 지인이 더 좋은 동네로 이사를 하고 싶다며 나에게 조언을 구했고 조건에 맞는 동네를 추천해주었다. 처음에는 남들이 좋다고 하고 집값이 비싼 곳이라 기대가 컸는데 막상 가보니 왜 비싼지 이해가 안 되어서 몇 번을 더 가봤다고 한다. 관심을 두고 살펴본 결과 현재 사는 지역과의 장단점이 비교되며 어떠한 차이가 있는지를 깨달았고 그곳에 대한 확신이 섰다고 했다. 목표가 생기자 더 열심히 돈을 모으고 약간의 대출을 받아 살고 싶은 지역으로 갔다. 그분은 주변 환경과 사람을 이해하는 과정을 몸소 겪고 깨달았고 실천한 것이었고 여기에 더해 운까지 더해 놀라운 집값 상승으로 한 번 더 나에게 감사 인사를 전해왔다.
　정말 상황이 여의치 않다면 전국구, 광역시, 핵심지까지는 안 하더라도 내 주변과 상대적인 상향지역만이라도 둘러보면 지금보다는 나은 선택을 할 기회기 주어질 수 있디는 것을 꼭 기억하고 움직여 봤으면 한다.

부동산 투자에서 중요한 것은 자신이 이루고자 하는 목표가 분명히 있는지 스스로에게 묻는 것이다. 만약 소원을 이루어줄 수 있는 신이 소원 세 가지를 말하라고 했을 때 바로 답하지 못한다면, 아직 자신의 미래와 꿈에 대해 충분히 고민하지 않았다는 의미다. 부동산 투자 역시 단순한 바람이나 막연한 기대만으로는 성공할 수 없다. 명확한 목표의식이 없으면 시장이 흔들릴 때마다 방향을 잃고, 결국 실행에 옮기지 못한다.

혹시 이 글을 읽으면서 소원 세 가지를 떠올렸고, 그 안에 '부' 또는 '부자가 되고 싶다'라는 생각이 있었다면, 이번 주말에라도 시간을 내어 동네를 직접 둘러보기를 권한다. 직접 발로 시장을 경험하는 작은 실천이 투자 목표를 구체적으로 만들고, 이루고 싶은 바를 더욱 선명하게 해줄 것이다. 우리 모두 목표를 세우고 꾸준히 실천해 나간다면, 분명 원하는 결과를 이룰 수 있다.

부동산 투자에 있어서
효율적인 독서법

필자가 임장을 시작할 때 즈음 부동산으로 성공하려면 마인드셋부터 새로 해야 한다고 하는 부동산 강의가 참 많았다. 마인드가 바로 잡혀야 오랜 시간 투자를 할 수 있고 그런 마인드를 다지기 위해서는 수많은 책을 읽어야 한다고 늘 강조했다. 또한 부동산으로 성공한 사람들이 늘 강조하는 것도 '책을 많이 읽어야 한다'라는 것이었고 그들의 말대로 하면 나도 성공할 수 있다고 생각해서 그들이 추천하는 100권의 책을 한꺼번에 사서 읽기 시작했다. 임장지로의 이동시간에 읽고, 도착해서는 도보 임장을 하고, 마치고 돌아가는 차 안에서 다시 책을 읽으면서 마인드셋을 했다.

정말 무식하리만큼 온갖 방법으로 지난 5년을 부동산에 쏟아부었고 그동안 읽었던 수많은 책은 나의 머릿속에 정리되었다. 그런데 여기서 짚어볼 불편한 사실은 그 책들을 쓴 수많은 저자 중에서 현재까지 살아남은 플레이어는 극소수라는 것이다. 궁금증이 발동해서 책을 쓴 저자 중 2025년 현재에도 부동산 시장에서 플레이어로 남아 있는 사람들 추려봤다. 그들의 하는 말들의 사실 여부까지 면밀하게 복기해봤다. 그리고 내가 내린 결론은 '우리가 부동산으로 돈을 번다는 것은 1년 2년으로 끝나는 것이 아니라 긴 시간을 두고 장기적으로 해야 한다는 것'이다. 언제나 그 안에 있어 생각하지 못 하는 공기처럼 부동산은 삶의 공기 같은 것으로 생각하면 좋겠다. 또 하나, 그 100권의 책들이 결코 모두 양서는 아니었다는 것이다. 독서, 더 나아가 다독이 나쁜 건 아니지만 오히려 바쁜 생활에 쫓겨 권수를 채우기 위한 행위가 되거나 뻔한 이야기들로 시간 낭비를 한 결과가 되면 안 되기에 필자가 추천하고 싶은 책들을 추천하고자 한다. 부동산 투자에 있어서 책은 부동산의 역사와 투자하는 사람의 심리를 이해하는 도구로 활용할 수 있는 것들로 정독을 하자. 마구잡이식으로 맹목적인 독서는 오히려 삶의 질을 떨어트릴 수 있다.

그럼 투자 대상으로 부동산을 처음 접하는 사람들이 부동산 그 시장을 이해하고 환경에 익숙해질 수 있게 도와주는 책들을 순서대로 소개해보겠다.

첫 번째, 《주택 시장 파노라마 30년》
두 번째, 《대한민국 부동산 40년》
세 번째, 《3시간 공부하고 30년 써먹는 부동산 시장 분석 기법》

부동산 시장의 전반을 이해하는 데 이만한 책들이 없다고 생각해서 추천은 하지만 첫 번째와 두 번째 책은 절판되어 현재 구매하려면 상당히 큰 비용이 들기 때문에 이것은 형편에 따라 선택하면 좋을 것 같다.

세 번째 책은 우리가 왜 부동산 투자를 해야 하고 부동산을 어떻게 바라봐야 하는지에 대한 내용을 간략하게 주요 핵심 위주로 쉽게 설명해주고 있어 부린이들에게 큰 도움을 준다. 실제로 필자가 이 책을 권해서 읽기 시작한 이들이 짧게는 하루 만에, 책을 천천히 읽는 사람도 일주일 안에는 다 읽고 내용을 이해할 수 있었다고 한다. 물론 그 안의 내용을 모두 소화하려면 몇 번을 더 읽으며 곱씹고 적용할 기회를 가져야 할 것이다. 하지만 그 전에 어렵지 않게 접근할 수 있는 문을 열어주는 좋은 안내서이자 종착점까지 데려다줄 수 있는 양서라고 자신 있게 말할 수 있겠다.

이렇게 세 권의 책을 추천한 이유는 간단하다. 필자는 모든 것에는 절차가 중요하다고 강조했었는데 부동산 시장에는 언제나 사이클이 있고 그 주기를 이해해야 효율적 투자를 할 수 있기 때문이다. 우리나라 현대 역사상 부동산으로 큰돈을 벌 수 있었던 시기는 단 세 번밖에 없었다. 그 시기로 되돌아가서 직접 체감하고 파악해볼 수는 없는 노릇이니 과거의 역사를 통해서 책으로 공부하는 것 말고는 다른 방법이 없다.

많은 영상에서 부동산을 단타로 수익이 날 수 있다고 이야기하는 경우가 상당히 많은데 반대로 이렇게 생각해보자 그렇게 단시간 내에 많은 돈을 벌 수 있다면 그들이 그 방법을 우리에게 알려줄 리가 있겠는가? 돈을 그렇게 쉽고 빠르게 벌 방법을 남에게 알려주는 것이 가능하다고 생각하는가? 를 말이다.

필자의 생각으론 불가능하다고 생각한다. 만약 진짜로 단타 거래로 부동산 수익이 가능하다면 힘들게 강의하지 않고 그 방법으로 본인들 수익을 올리는 게 맞지 않을까란 생각도 함께하면서. 적어도 우리는 정도를 걷자. 부동산 투자에 꼭 필요한 책을 통해 공부하고 임장도 몸과 생활에 무리가 가지 않게 작은 범위로 습관을 들인 후 범위를 넓혀가며 지역 비교도 해보자. 객관적인 기준으로 평가 및 판단을 하고 매수해 기다릴 줄도 알아야 하며 그 이후 계획에 따라 더 좋은 곳으로 상향 이동을 하자. 정답은 기본에 있다.

책 100권의 리스트에 따라 책을 준비하고 읽는 것이 나쁜 것만은 아닐 것이다. 이 세 권 외에 다른 책들을 무조건 읽지 말라는 것도 아니다. 하지만 우린 부동산만, 책만 바라볼 수 없는 것이 현실이다. 마인드 셋이 중요하다는 말도 맞다. 하지만 그건 10권, 30권, 100권을 읽는다고 갖춰지는 것이 아니라 본인의 고민과 판단, 선택과 기다림을 갖는 실질적인 경험과 함께 이루어져야만 제대로 갖춰지고 단단해질 수 있다. 그래서 가장 효율적인 공부를 도와줄 책을 추천한 것이며 더 나아가 인간의 심리와 부동산을 대하는 시각까지 모두 담고 있음을 알아주었으면 한다.

필자가 좋아하는 또 다른 책 《돈 공부는 처음이라》에는 이런 말이 나온다.

"늘 돈을 벌고 쓰며 사는 우리가 죽을 때까지 돈 때문에 불안할 수밖에 없는 이유는 많은 돈을 벌지 못해서가 아니다. 우리가 버는 돈을 정확하게 알지 못해서다. (중략) 그렇다면 돈을 안다는 것은 무엇일까? 돈을 알면 돈에 현혹되지 않는다. 누군가가 SNS에 올린 명품을 보고 부러워하지 않아도 되며 좋은 차 좋은 집을 가진 사람을 시기하지 않아도 된다. 돈을 몰랐기에 가졌던 자격지심과 불편함에서 자유로워질 수 있다."

이 글에서 언급하는 것처럼 우리가 부동산 투자를 하고 불안해하는 이유는 부동산이라는 대상을 어떻게 대해야 하고 어떻게 어디로 흘러가는지, 결국 내 돈을 넣어서 어떤 결과를 가져올 것인지에 대한 확신이 없어서다.

생각보다 많은 사람이 '누가 좋다고 하던데…' '뉴스에서 어떤 지역이 괜찮다고 하던데…', 'SNS나 블로그나 유튜브에서 어떤 지역이 핫하다고 하던데…' 등의 흥미성 기사나 지인의 이야기, 소문 등을 듣고 더 알아보지도 않고 그 큰돈을 들여 투자한다. 또 정말 위험한 것이 소위 전문가라고 하는 사람들의 말을 맹목적으로 믿고 그 지역에 가보지도 않고 수익률을 따져보지도 않은 채 없는 돈까지 빌려와 밀어넣는 경우다.

그러면 그 이후의 결과는 어떻게 됐겠는가. 천운으로 수익이 남거나 손해라도 안 봤으면 다행이지만 만약 큰 손실을 입었다면 그건 누구의 책임이며 누구 탓을 할 수 있을지 생각해 보면 그 얼마나 무서운 결정이었는지 알 수 있을 것이다.

반면 우리가 지금 시간을 내서 책을 읽고 있고 부동산에 많은 관심을 갖는다는 건 나 자신을 믿고 능동적이고 적극적으로 부동산을 공부하고 활용해서 자산을 늘려 행복한 노후의 삶을 살기 위함이다. 내 인생과 자산의 주인공은 나이므로 주체적인 투자를 하자.

누구나 할 수 있지만
아무나 할 수 없다

　임장을 하는 것은 누구나 할 수 있다. 하지만 임장을 하고나서 지역 간의 비교를 하거나 더 나은 선택을 하는 것은 아무나 할 수 없다. 또한 아무나하고 하지 말라는 이야기다. 임장을 하는 것은 어렵지 않다. 가볍게 생각하면 본인이 사는 곳, 직장의 주변을 둘러보는 것도 임장이다. 하지만 우리가 해야 할 임장의 목적은 관광이 아닌 부동산 투자임을 명심하자.

　요즘 우리는 많은 부동산 웹, 앱들이 실시간으로 전국의 부동산 정보를 전달한다. 전국의 가격과 거래량 제공은 물론 맞춤 부동산을 골라주기도 한다. 그래서 종종 이런 스마트한 시스템이 있는데 굳이 임장을 해야 하냐고 물어보는 이들이 있다. 각종 지도를 보고 판단해도 충분한데 여러 지역을 둘러보는 수고를 해야 하냐고 한다. 필자는 그렇게 좋은 부동산을 찾고 돈을 벌 수 있다면 부자가 안 될 사람이 없다고 말하고 싶다. 사람이 함께 어우러져서 사는 지역을 지도로 보는 것과 실제로 가서 보는 것은 많은 차이가 있다. 지도에는 나올 수 없는 주변의 분위기와 사람들의 모습과 대화들은 결코 지도에 나오지 않는다. 이런 요소들과 더불어 그 지역의 입지적 가치를 볼 수 있어야 진정한 임장을 했다고 볼 수 있다. 잊지 말

자. 부동산 투자가 어려운 것은 남의 정보와 그 정보의 양이 투자의 질을 만드는 것이 아니라는 것을 말이다.

또한 많은 지역을 보기만 해서 될 것이 아니라 투자 가능한 가격대에서 입지가 가장 좋은 곳을 고르는 연습을 계속해서 해야 하고 여기서 실력이 쌓이게 된다. 고만고만한 실력을 갖춘 이들끼리는 서로에게 큰 도움이 되지 않는다. 그래서 임장은 누구나 할 수 있지만 아무나 할 수 없다고 말하는 것이다. 가격의 범위와 입지의 순위를 매길 줄 알고 어느 것이 더 가치 있는 투자인지 판단하는 실력으로 조언을 해줄 수 있고 이끌어 줄 수 있는 이와 함께 할 수 있는 임장을 하면 그 효과가 어떻겠는가.

내가 좋아하는 말 중에 이런 말이 있다.
'人無遠慮必有近憂(인무원려 필유근우)'
'사람이 먼 생각이 없으면, 반드시 가까운 근심이 있다'라는 의미로, 논어(論語) 위령공(衛靈公) 편에 나오는 내용이다. 지금 임장을 하지 않거나 아무나 마음 맞는 이들과 함께한다고 큰일이 생기는 것은 아니다. 하지만 시간이 지날수록 나의 자산이 인플레이션에 녹아 없어지고 나도 모르는 사이에 점점 손해를 보고 가난해지지 않으려면 부동산과 투자, 자본주의를 철저하게 공부하고 대비해야 한다. 결국 부동산 투자를 통해서 많은 돈을 벌고 부자가 되는 사람은 예전에도 그랬고 현재도 극히 적다. 본인이 그만한 자격이 있는지, 그만큼 노력을 했는지는 누구보다 스스로가 잘 알 것이다. 오랜 시간 동안 임장과 부동산 투자 공부를 통해서 배운 중요한 또 한 가지는 부동산으로 많은 돈을 버는 것을 누구나 시도할 수는 있지만 아무나 할 수 없다는 것을 깨달은 것이다. 이 책을 읽는 많은 분이 이런 누구나가 아닌 아무도 할 수 없는 공부와 임장, 투자를 통해서 인생의 부를 늘려가는 과정을 밟아나가기를 소망한다.

이 책은 여기서 마무리하지만 속편을 통해 수도권은 수도권대로, 지방은 지방대로 각각의 지역을 더욱 구체적으로 나누어 알맞은 임장법과 실제 사례를 들어 소개하려고 한다. 그 내용까지 참고한다면 임장은 더 이상 어렵고 힘들기만 한 것이 아닌 친숙하고 가능한 과정이 될 수 있을 것이라고 확신한다.

부록. 서울 임장 리포트
서울의 핵심을 임장하다

대한민국은 인구의 절반 이상이 서울·수도권에 살고 있으며 특히, 서울은 인구밀도나 수로 우위를 차지하고 있다.

25개의 구로 이루어진 서울은 복잡하게 얽힌 대중교통 노선도, 빈번한 교통 체증, 제각각의 다른 색깔을 지닌 모습, 전국의 학생들을 흡수하는 학군지 등 수많은 특징들을 가지고 있는데 이 중 언제나 뜨거운 관심을 받고 있는 강남 임장에 대해 살펴보기로 하자.

출처 : 서울특별시 지도검색 서비스

필자는 서울을 둘러볼 때 25개의 구를 이렇게 3개씩 묶어서 특색에 맞게 가장 효율적인 방법으로 임장한다. 이때 송파보다는 한남을 더 우위로 보기에 강남, 서초, 한남을 강남 3구를 우선 묶어서 살펴봤다.

임장은 자신이 봐야 할 지역에 대한 가치 또는 위치 등을 미리 파악한 후 무조건 상급지부터 하급지로 내려가면서 보는 것이 좋다. 강남은 압구정부터 시작하기로 하자.

그 이유는 차차 알 수 있을 것이다.

출처 : 카카오맵

처음 부동산 수업을 듣고 임장을 시작할 때 아파트 입구 단지 사진이나 엘리베이터, 지하주차장 연결 여부, 놀이터 바닥의 소재 등을 보라고 배웠다. 그대로 체크리스트를 만들어 임장을 하던 중 문득 강남 압구정 현대아파트라는 곳이 궁금해졌다. 업무 차 그곳을 지나가 본 적은 많았지만 아파트 단지 안에 들어가서 세부적으로 본 적은 없었다. 그래서 원래 목적지는 압구정이 아니었지만 배운 방식을 검증도 해볼 겸 바로 찾아갔다.

그런데 이게 웬걸? 아파트 정문은 어디 있는지 찾기도 어렵고 너무나도 낡은 외관에 복도식 구조였고, 지하주차장도 없었다. 지은 지 40년이 넘은 아파트의 가격이 왜 대한민국에서 제일 비싼지 이해할 수가 없었다. 여러 강의에서 배운대로라면 압구정 현대아파트는 대한민국에서 제일 가치가 없는 아파트 중에 하나여야 했다. 그런데 그곳이 대한민국에서 가장 비싼 가격을 유지한다는 것이 스스로 납득이 되지 않았다. 그 후로 수없이 방문해서 다각도로 살펴봤고 결국 깨달을 수 있었다. 압구정 현대아파트의 가치를. 그 어떤 신축 아파트도 대체할 수 없는 그 가치를 말이다.

압구정 현대아파트의 주변 환경 즉, 연계되는 지역들을 살펴보자. 압구정동 아래로는 신사동과 청담동, 그 아래로는 논현동과 삼성동, 역삼동을 거쳐 대치동 학원가까지 줄지어 있다. 이 중 압도적인 한강뷰를 가진 지역은 압구정과 청담동이며 압구정 현대 아파트는 왕좌의 입지를 가지고 있다.

혹시라도 강남 아파트 가격에 지레 겁먹고 주변 파악에 소홀히 해서는 안 된다. 가격은 가격일 뿐 우리는 우리의 할 일을 하면 된다. 내가 가진 객관적 기준을 중심으로 왜 높은지 고민해보자. 구축인데도 비싼 이유, 또는 신축 아파트라서 비싼건지 등 입체적으로 보고 판단을 하면 된다. 그냥 여기가 강남이라서 비싼 것이구나라고 생각을 닫아버리는 순간 강남을 돌아볼 이유가 없어진다.

압구정 현대아파트 주변을 조금 더 자세히 살펴보면 강남역에서 삼성역까지 이르는 상권, 청담동의 명품숍, 한강 주변의 공원, 대치동 학원가까지 실제로 자동차로는 5~10분 이내, 지하철이나 버스로도 15분 이내 그리고 도보로도 충분히 걸어갈 수 있어 지역의 확장성이 엄청나게 뛰어나다는 것을 알 수 있다. 편의시설 이용을 위해 매번 차를 타고 나가지 않고 집 근처에서 비교적 큰 규모의 병원 등을 이용할 수 있고 친구들을 만나서 편히 즐길 수 있는 시설 및 백화점이 가까이 있다고 하면 이 곳에 살고 싶은 마음이 들지 않겠는가. 또 이렇게 큰 상가들 말고도 1,2차 뒤에 위치한 주민들만의 소소한 상가들이 줄지어 있는 길 또한 상당히 매력적이었다.

심지어 압구정 현대는 40년 전에 지어진 아파트임에도 불구하고 초, 중, 고등학교가 모두 단지 내에 있어 더할 나위가 없었다. 비록 여러 가지 문제들로 인해 현재 재건축이 늦어지고 있지만 결국 바뀔 것이다. 바뀐 후 어떠한 환경이 펼쳐질지 지금의 필자로서는 상상하기조차 어려울 정도다.

이제 범위를 넓혀서 살펴보기로 하자. 이른바 전국 최상위권인 압구정 현대아파트 단지만큼은 안으로 들어가서 주변의 환경을 세세하게 둘러봤다면 그 외에는 차를 몰고 언주로나 도산대로 등 강남을 대표할 만한 도로 위주로 큰 지역을 먼저 크게 한번 돌아보며 전체 도시 분위기를 파악해보자.

도로와 도로가 바뀌는 기점에서 메인이 되는 건물들이 보일 것이다. 그 주변에 있는 아파트 단지들이 어떻게 구성되어 있는지도 보게 될 것이다. 여담으로 필자가 강남을 임장하면서 정말 놀랐던 것이 있다. 그곳에는 스타벅스가 정말 많지만 드라이브 스루 매장이 하나도 없다는 것이다. 이것이 의미하는 바는 그만큼 땅값이 비싸고 차가 지나가는 공간에 오히려 다른 수익을 만들 수 있는 부동산을 세우고 운용하는 것이 땅의 가치를 훨씬 더 잘 이용하기 위함이 아닐까 싶었다. 유동인구가 매우 많아 정해진 구역 안에 오피스, 병원, 주거지 등 여러 시설이 압축적으로 들어가 있어 효율적으로 땅을 사용하고 있음을 깨달은 계기였다.

압구정 현대에서 시작을 했다면 다음은 신사동 지역을 보고 그 다음은 청담동 쪽으로 넘어가면서 상권들과 주변 아파트들을 보자.

그 후 봉은사역 뒤편에 있는 삼성동 소재의 아파트도 잊지 말자. 단지가 많지는 않지만 번화한 다른 강남 및 전면의 느낌과는 다르게 매우 고즈넉하고 숲속에 있는 듯한 느낌을 가질 수가 있다. 이렇게 다양한 색깔의 지역이 모여 있는 곳이 강남이기 때문에 압구정, 신사, 청담, 삼성의 순서로 먼저 임장을 하며 주변의 분위기를 충분히 익히며 알아가는 순서를 권한다.

이렇게 삼성동까지 임장을 마친 후에는 대치동이나 역삼동으로 확장을 하면 좋은데 이는 지역에 따라 가격이 차츰 어떻게 변화하는지 순서대로 보면서 지역이 가진 위치 즉, 입지에 대해서 확실히 파악할 수 있는 좋은 루트이기 때문이다.

지역(동)별로 학원가가 많은지, 상업시설이 많은지, 백화점 수준은 어떤지 또한 어느 수준의 아파트가 많은지 등을 보자. 요즘 하이엔드급 아파트가 더 많이 생기고 있고 특히 개포동의 경우 신축이 들어서면서 선호도가 올라가고 있다. 전국 규모로 보면 상당히 작은 도시이지만 이 도시 안에 전국의 인프라가 모두 모여 있는 듯한 서울, 그리고 강남의 색깔은 너무 다채롭기 때문에 아파트 개별 단지 하나하나를 지나가는 동선을 짜서 임장을 하면 좋다. 조금 더 구체적으로 살펴보자.

압구정 현대아파트와 그 옆에 자리잡은 한양이나 미성 같은 아파트는 세부적으로 둘러보자. 신사동은 딱히 아파트 단지가 있지는 않지만 전체적인 상권이라도 살펴보도록 하고, 청담동은 청담자이부터 작은 단지들까지 보자. 삼성동은 빌딩가로 이루어진 테헤란로는 차를 이용해 큰 도로로 돌고, 주차 후 뒤편에 있는 세부적인 지역도 둘러봐야 할 필요가 있다. 래미안 라클렉시 아파트나 롯데캐슬 프리미어 아파트, 힐스테이트와 삼성풍림 아파트까지 살펴보자. 그 후 차로 논현동은 크게 상권을 보고 아래쪽으로 내려갈 때에는 서초동 부근에 자리잡은 아파트들도 세부적으로 늘어가서 보자.

대치동은 아무래도 우리나라 최고의 학원가다보니 학원가와의 접근성에 따라서 아파트의 가격이 달라지는 경우가 많다. 그래서 구축이거나 도곡동 외곽에 있는 아파트임에도 선호도가 상당히 높은데 특히 학원가와 지하철역의 접근성이 좋은 아파트라고 한다면 상당히 세부적으로 둘러봐야 할 필요가 있다.

필자는 대치동에 있는 대치삼성이나 그 주변에 있는 구축이 꽤 가성비가 좋은 단지라고 생각한다. 복도식에, 아파트 주차도 편리하다고는 할 수 없지만, 대치동 학원가와 접근성도 좋고 3호선, 수인분당선 지하철역도 가깝기 때문이다.

강남에 입성하려고 하는 사람들이면 도곡1동과 역삼동을 놓치지 말자. 도곡동 역삼럭키 아파트를 비롯해 주변 아파트들 및 도곡로를 따라 역삼동 개나리 래미안 아파트, 역삼 래미안 그레이튼, 도곡렉슬 등도 꼼꼼하게 살펴봐야 한다.

대치동 학원가를 따라 대치동 끝인 탄천 앞까지 임장을 마치고 우리가 잘 알고 있는 은마 아파트 및 우선미(우성, 선경, 미도 아파트)를 지나면 개포동이 있다. 예전에는 우스갯소리로 개도 포기하는 동네라고 했으나 지금은 개도 포르쉐 타는 동네로 바뀌었다. 예전의 오래된 아파트들이 대부분 없어지고 신축 대단지가 들어선 살기 좋은 깔끔한 동네로 변해 있기 때문이다.

먼저 살펴본 강남구에서 개포동으로 들어가려면 양재천을 지나는 다리, 영동교를 지나야만 하는데 이렇다 보니 양재천을 사이에 두고 생활권이 약간 나뉘어져 있는 느낌이다. 물론 신축을 좋아하는 분들은 신축 대단지가 들어선 개포동을 선호할 것이다. 하지만 신축 대단지라는 것을 제외하면 생활여건에 필요한 충분한 인프라가 아직 들어가 있지 않다는 것은 단점이다. 앞으로 대치동 재건축이 이루어져 신축이 들어오게 된다면 결국 그 둘 간의 가격 차는 또 크게 벌어질 것이라고 생각한다.

이렇게 임장을 다니다보면 지역의 분절성을 찾을 수 있고, 향후 재건축, 재개발 등으로 바뀔 모습까지 생각해서 입지 변화 가능성까지 예측할 수 있게 된다. 신축 영향으로 잠시 가격이 흔들리긴 해도 결국 입지는 못 이긴다는 것으로 대부분 결론이 난다.

개포동 임장을 마치고 나면 일원동과 수서역까지 임장을 해보면 좋다. 여기가 강남구 중심에서 상당히 떨어져있는데도 불구하고 가격이 만만치 않기 때문에 왜 비싼지 그 이유에 대해서 깊이 고민해보면 좋은 공부가 될 것이다. 필자는 이쪽 아파트들의 가치는 SRT의 시종착역인 수서역과의 접근성이 뛰어나기 때문이라고 생각한다. SRT를 통해서 출퇴근을 하는 분들도 있을 테고, 이로 인해서 이 지역 인프라가 상당히 많이 개선이 되었다. 압구정에서 시작한 강남구 임장의 최종 목적지는 수서역으로 해서 임장 루트를 짜는 것이 상당히 좋다고 생각한다.

출처 : 카카오맵

강남구 임장을 마쳤으면 서초구로 넘어가자. 서초구의 시작점은 처음부터 시작하고 싶다면 잠원동이어도 좋지만 개인적으로는 신축단지가 많이 들어서고 있는 신반포부터 하면 좋다. 현재 최고의 주가를 올리고 있는 원베일리부터 아크로리버파크 그 주변 일대의 아파트를 둘러보고 강남 신세계 주변을 돌아본 다음에 잠원동을 거쳐서 반포자이 쪽으로 내려오는 루트를 추천한다.

그런데 앞의 지도에서 보는 것처럼 서초구는 그 사이로 경부고속도로가 있어 내부적으로 단절성 있다. 앞에서 본 것처럼 강남구는 압구정부터 청담동, 삼성동부터해서 논현동, 도곡동까지 확장성이 크지만 서초구는 반포쪽 지역을 보게 되면 고속도로를 기점으로 강남구와 붙어있는 지역과의 어쩔 수 없이 단절성이 보인다. 이런 상황임에도 현재 반포의 가격이 높은 이유는 강남구의 입지성과 달리 신축대단지가 들어서 있어서라고 생각을 한다.

그렇다고 서초구가 강남구에 비해서 가치가 떨어진다는 말은 아니다. 한강변에 위치한 반포동부터 해서 고속버스터미널, 카톨릭 성모대학병원 및 법원을 중심으로 한 법조타운, 남부터미널 등 충분히 높은 가치를 지닌 지역이다. 이 외에도 신세계백화점과 주변 상가, 지하상가 등은 엄청난 상권을 이루고 있다. 이 주변의 구축 아파트들과 곳곳에 꽤 넓게 자리한 빌라 지역들이 나중에 개발이 된다고 하면 어떻게 천지개벽 할지 예측해보고 찾아보면 좋겠다. 하지만 이와 동시에 짚고 넘어갈 부분은 강남구는 구를 벗어나도 바로 인접한 곳이 서초구, 송파구인 반면 서초구는 관악구, 동작구로 연결되고 있어 도시 확장성 부분의 한계성은 분명 아쉬운 점이다.

다시 서초구 임장의 시작 이야기로 돌아와서 반포자이에서 다시 아래

쪽으로 내려오면서 교대, 서초를 지나 방배 쪽으로 임장하는 루트를 짠다면 서초구 지역을 충분히 둘러볼 수 있다고 생각을 한다. 이때 유의미하게 봐야하는 단지들이 있다. 반포자이 주변의 단지들인데 현재 구축이지만 이곳이 개발이 되면 앞으로 더 좋아질 곳으로 보이는 곳이기 때문이다. 반포자이 주변으로 메이플자이가 들어서고 있고 한강변이 바로 보이는 반포아파트 쪽이 있다. 신반포쪽으로도 변화가 많기 때문에 이쪽을 세세하게 둘러보면서 혹시라도 이쪽이 바뀐다면 어떠한 모습으로 바뀔지 상상해보면 엄청난 변화를 직감할 수 있을 것이다. 이 외에 내방역과 이수역 주변으로 신축 아파트들도 들어서고 있고, 개발될 여지가 있는 빌라 단지들이 상당하므로 잘 살펴보도록 하자.

이렇게 방배동까지 임장을 마치고 나면 이수역이나 남성역 부근도 살펴보는 것이 좋다. 나름 상당히 균질한 대단지 아파트를 이루고 있고, 특히 이수역 주변 상권이 상당히 잘 짜여져 있으며, 더블역세권으로 출퇴근 등의 이동이 상당히 유리한 곳이기 때문이다. 그리고 개인적으로 남성역 앞에 있는 두산위브 트레지움이나 그 주변의 아파트들이 상당히 괜찮다고 느껴졌는데 상대적으로 싼 가격으로 강남 접근성이 뛰어난 곳이기 때문에 거주를 고려해봐도 상당히 좋은 곳이라고 생각 한다.

필자는 임장 당시 서초구에서 시작해서 이수역 쪽으로 확장을 하고 이후 사당역, 낙성대역, 그리고 관악 쪽으로 이동을 해서 흑석동을 지나 노량진까지 뻗어나가는 루트를 짜봤다. 이 중 노량진을 둘러볼 때 상당히 주의깊게 임장을 했는데 그 이유가 노량진 뉴타운이 들어서면 옛날의 수

산시장의 모습이 아니라 엄청난 규모의 아파트 단지로 변신할 것이 예상되기 때문이었다.

출처 : 카카오맵

깅님구와 서초구의 임장을 마치고 나면 한남대교를 건너서 용산구로 가보자. 용산구는 지도에서 보는 것처럼 마치 섬처럼 느낌이 드는 곳이다. 하지만 서울의 중심에 위치하고 있으며 특히 서빙고동과 이촌동은 오래된 단지가 균질하게 모여 있어 새로 바뀔 수 있는 여력을 가진 곳이 상당히 많다. 실제로 현재 개발 진행 중인 곳도 많고 앞으로 될 곳도 많으니 한남동의 변화에 집중해볼 필요가 있다.

용산역에서 임장을 시작한다면 용산센트럴 파크를 지나서 한강대우, 한가람, 한강멘션, 이촌 코오롱아파트를 지나 신동아 아파트까지 임장을 하고 그 뒤쪽으로 청화 아파트, 남산대림, 이태원주공 등 한남동의 변화를 보자. 이후 최종적으로 한남더힐까지 모두 둘러볼 수 있게 전체적인 루트를 짜면 매우 좋다.

    이렇게 하루 안에 강남구, 서초구, 용산구까지 3구를 임장하면 각 지역이 바뀌는 모습을 비교해서 볼 수 있고 앞으로 발전하게 될 모습들까지 상상, 예측해볼 수 있다. 다시 말해 지금 현재 서초구의 모습이 용산과 대체불가의 입지인 압구정 주변으로 퍼져서 신축들이 들어선다면 어떻게 될지 생각만해도 놀라울 따름이다. 단순히 아파트 단지가 오래되어서 살기 불편하다는 생각으로 이곳들을 바라보지 말고 거주자 및 이곳의 직장인들이 어떻게 생활하는지, 주변 상황은 어떤지, 왜 수많은 사람들이 이 곳을 염원하는지를 곰곰이 생각해보자.

    나의 기호도 중요하지만 부동산은 무엇보다 대중의 일반적인 기호도를 고려해야 유동적으로 움직일 수도, 수익을 낼 수도 있는 것이다. 물론 투자가 아닌 실생활을 하기에도 그 어떤 곳보다 편리하고 좋을 것이라는 것은 말해봐야 입만 아프다는 것은 모두 다 잘 알 것이라고 생각한다.

에필로그

지난 5년의 시간과 이 글을 쓰는 모든 과정을 나 혼자만의 힘으로 해온 것은 아니다. 나를 도와준 수많은 동료, 나를 지지해준 수많은 지인, 그리고 그 외 여러 방면으로 도움을 준 많은 분들 덕분에 여기까지 올 수 있었다. 순간순간 정말 힘든 시간이었고, 혼자 울기도 많이 했고, 내 처지가 왜 이렇게 안타까운지에 대한 한탄도 많이 했다. 심지어 너무 속상해서 혼자 술을 마시며 자책까지 했던 적이 한두 번이 아니었던 것 같다. 가끔은 팔공산에 올라가 촛불을 켜고 공을 들이며 마음을 달래기도 했었다.

결국 끝나지 않을 것 같은 전국 임장을 마쳤고 지금 이렇게 그동안의 겪고 배우고 깨우친 과정을 글로 남기고 있다. 필자의 지난 수많은 경험이 이 글을 읽는 많은 분에게 도움이 되었으면 하는 바람으로 책을 쓰기 시작했다. 부동산 투자라는 것이 단순하게 보고 단기간에 이룰 수 있는 것이 아니며 다방면의 수많은 노력이 들어가야만 성공의 결실을 얻을 수 있는 것이라는 것을 지난 시간을 통해서 깨달았다. 여기까지 오는 과정 하나하나가 정말 쉽지 않았지만 지나고 보니 다 추억이 되고 인생에 엄청난 도움이 되는 소중한 경험이 되었다고 생각한다.

이 자리를 빌려 그동안 나와 함께 해준 동료, 지인, 그리고 필자를 응원해준 여러 분들에게 진심으로 감사하다는 말을 전하고 싶다. 처음에 임장을 하면서는 그렇게 할 수 있는 모든 상황이 온전히 나의 힘으로 만들어진 것으로 생각하기도 했다. 하지만 이 긴 여정을 끝내면서 결코 수많은 사람의 도움과 격려, 응원으로 결국 여기까지 온 것임을 알았다.

나 또한 지난 시간의 많은 경험과 깨달음을 녹인 이 책이 많은 분의 부동산 투자에 있어 도움이 되었으면 좋겠고, 큰 벽으로 생각하는 임장을 더 쉽고 효율적으로 할 수 있는 좋은 안내서가 되어 성공 투자를 할 수 있기를 바란다.

끝으로 여기까지 올 수 있도록 언제나 열렬한 지지를 보내주신 구만수 교수님, 조선희 대표님, 내 친구 도비, 나나님, 그리고 스카이님, 문순호님, 뽀로로님 이 외의 여러분들께 다시 한번 더 진심으로 감사의 말을 전하고 싶다.

걸어서 지구 한 바퀴
어디에도 없는 부동산 임장 이야기

제1판 1쇄 2025년 8월 14일

지은이　김지훈(타이거), 문순호
펴낸이　한성주
펴낸곳　㈜두드림미디어
책임편집　이향선
디자인　얼앤똘비악(earl_tolbiac@naver.com)

㈜두드림미디어
등록　2015년 3월 25일(제2022-000009호)
주소　서울시 강서구 공항대로 219, 620호, 621호
전화　02)333-3577
팩스　02)6455-3477
이메일　dodreamedia@naver.com(원고 투고 및 출판 관련 문의)
카페　https://cafe.naver.com/dodreamedia

ISBN　979-11-94223-91-7 (03320)

책 내용에 관한 궁금증은 표지 앞날개에 있는 저자의 이메일이나
저자의 각종 SNS 연락처로 문의해주시길 바랍니다.

책값은 뒤표지에 있습니다.
파본은 구입하신 서점에서 교환해드립니다.